使える会話文で身につく

はじめましての
韓国語

監・加藤慧　編著・omo!

Contents

本書の構成と使い方 ································ 6

音声データの使い方 ································ 7

キャラクター紹介 ································ 8

韓国語のきほん

STEP 1 韓国語の仕組みを知ろう ··············· 10

STEP 2 文字を覚えよう ····················· 14

STEP 3 発音してみよう ····················· 22

COLUMN 自分の名前をハングルで書いてみよう ·· 28

会話文で学ぶ韓国語

Episode 01 スアとミニョクの出会い ········· 30

アンニョン ハ セ ヨ　キム ス ア イム ニ ダ
안녕하세요? 김수아입니다.　こんにちは。キム・スアです。

Episode 02 スアとミニョクのMBTI ········· 34

イ ガ　ア ニ エ ヨ
E가 아니에요.　Eじゃありません。

Episode 03 スアとミニョクはご近所さん ····· 38

クンチョ エ　ムォ ガ　イッ ソ ヨ
근처에 뭐가 있어요?　近所に何がありますか?

Episode 04 会社の帰り道にて ··············· 42

カ ペ エ　チャジュ　カ ヨ
카페에 자주 가요.　カフェによく行きます。

Episode 05 今日のランチはとんかつ ········· 48

イル シ グ ル　ノ ム　チョ ア ヘ ヨ
일식을 너무 좋아해요.　日本食がすごく好きです。

Episode 06 新曲のMVを見ながら ············ **54**

오늘 컴백했어요. 今日カムバックしました。
<small>オヌル コム ベ ケッ ソ ヨ</small>

Episode 07 開講パーティーか、サイン会か ············ **58**

저는 안 가요. 私は行きません。
<small>チョ ヌン アン ガ ヨ</small>

Episode 08 先輩を路上ライブに誘う ············ **62**

3월 20일이에요. 3月20日です。
<small>サ ムォル イ シ ビ リ エ ヨ</small>

Episode 09 先輩への布教成功! ············ **66**

17살이에요. 17歳です。
<small>ヨル リル ゴプ サ リ エ ヨ</small>

Episode 10 SNSでのやりとり ············ **70**

이따가 영상 올릴게요! あとで動画アップします!
<small>イッ タ ガ ヨン サン オル リル ケ ヨ</small>

Episode 11 カフェで偶然ミニョクに遭遇 ············ **78**

책을 읽고 있어요. 本を読んでいます。
<small>チェ グル イル コ イッ ソ ヨ</small>

Episode 12 ミニョクに夢を語るスア ············ **82**

카페를 열고 싶어요. カフェを開きたいです。
<small>カ ペ ルル ヨル ゴ シ ポ ヨ</small>

Episode 13 ミニョクの友人のカフェにて ············ **86**

분위기 좋고 커피도 맛있어요.
<small>プ スィ ギ チョ コ コ ピ ド マ シッ ソ ヨ</small>
雰囲気よくてコーヒーもおいしいです。

Episode 14 カフェの帰り際に ············ **90**

밥 먹으러 가요. ごはん食べに行きましょう。
<small>パム モ グ ロ カ ヨ</small>

Episode 15 広蔵市場のユッケ専門店にて ············ **94**

몇 분이세요? 何名でいらっしゃいますか?
<small>ミョッ プ ニ セ ヨ</small>

Episode 16 音楽番組の収録に参加 ———— **100**
음반 없으면 안 돼요? CDなければいけませんか？

Episode 17 ドリームランドのサイン会にて ———— **104**
너무 좋아서 계속 듣고 있어. すごくよくて、ずっと聴いてる。

Episode 18 サイン会にて推しとの会話 ———— **108**
괜찮으니까 걱정하지 마. 大丈夫だから心配しないで。

Episode 19 サイン会後、友人と飲食店にて ———— **112**
먼저 포카 들고 사진 찍죠.
先にトレカ持って写真撮りましょう。

Episode 20 飛び込んできた衝撃ニュース ———— **116**
너무 충격인데요. すごく衝撃なんですけど。

Episode 21 不動産屋への電話 ———— **124**
카페를 열려고 해요. カフェを開こうと思います。

Episode 22 物件の内見へ ———— **128**
고장 나서 지금 못 써요. 故障していて今使えません。

Episode 23 ミニョクへの報告 ———— **132**
제가 도와 드릴까요? 僕がお手伝いしましょうか？

Episode 24 スアが退社する日 ———— **136**
사실 카페를 운영할 거예요. 実はカフェを運営するつもりです。

Episode 25 ミニョクからの告白 ———— **140**
처음 만난 날부터…. 初めて会った日から…。

Episode 26 推しへの手紙 ———————————— 146

ノ レ トゥル ミョン ソ ピョン ジ ッス ゴ イッ ソ ヨ
노래 들으면서 편지 쓰고 있어요.

歌を聴きながら手紙を書いています。

Episode 27 先輩に動画を見せながら ——————— 150

トゥ ディ オ ットゥ ヌン グン ニョ
드디어 뜨는군요.　ついにブレイクするんですね。

Episode 28 姉妹でテレビを見ながら ——————— 154

チャトゥ チ ニ バン ジョ ギ オプ ソン スン デ
차트 진입한 적이 없었는데.

チャートに入ったことがなかったのに。

Episode 29 事務所から届いたメール ——————— 158

メイ リ ワン ナ バ
메일이 왔나 봐.　メールがきたみたい。

Episode 30 スアのカフェがオープン ——————— 162

イ ベントゥ ハ ミョン チョウル コッ カ タ
이벤트 하면 좋을 것 같아.

イベントしたらよさそう。

(Challenge!)

練習問題❶ ———————— 52
練習問題❷ ———————— 74
練習問題❸ ———————— 98
練習問題❹ ——————— 120
練習問題❺ ——————— 144
練習問題❻ ——————— 166

(COLUMN)

助詞のまとめ ——————— 76
疑問詞のまとめ —————— 122
呼称のまとめ ——————— 123
変則用言と
ㄹ語幹用言のまとめ —— 168
文型のまとめ ——————— 170

練習問題解答 ——————— 172
反切表 ————————————— 174

◆ 発音ルビについて ◆

本書では参考のために韓国語にカタカナで発音ルビをふっていますが、実際の発音とは違いがあります。各エピソードの最初のページにあるQRコードを読み取り、会話文の音声をよく聴いて正しい発音を身につけましょう。

本書の構成と使い方

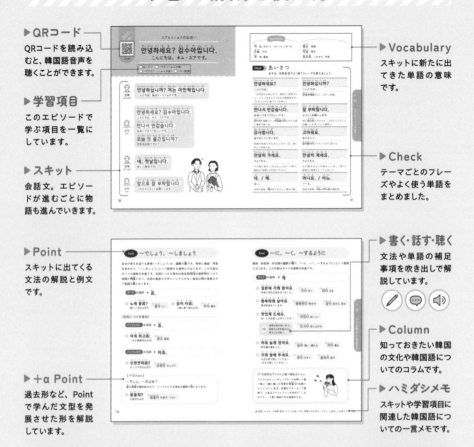

▶QRコード

QRコードを読み込むと、韓国語音声を聴くことができます。

▶学習項目

このエピソードで学ぶ項目を一覧にしています。

▶スキット

会話文。エピソードが進むごとに物語も進んでいきます。

▶Vocabulary

スキットに新たに出てきた単語の意味です。

▶Check

テーマごとのフレーズやよく使う単語をまとめました。

▶Point

スキットに出てくる文法の解説と例文です。

▶＋α Point

過去形など、Pointで学んだ文型を発展させた形を解説しています。

▶書く・話す・聴く

文法や単語の補足事項を吹き出しで解説しています。

▶Column

知っておきたい韓国の文化や韓国語についてのコラムです。

▶ハミダシメモ

スキットや学習項目に関連した韓国語についての一言メモです。

STEP ❶ 「韓国語のきほん」を学ぶ

まずはP.9～の「韓国語のきほん」で、文字や発音について勉強しましょう。

STEP ❷ 会話文を読む、聞く

P.29～の「会話文で学ぶ韓国語」へ。各エピソードは基本的に4ページで構成されています。1ページ目の会話文を読み、音声も確認しましょう。

STEP ❸ フレーズや文法を学ぶ

2ページ目以降のPointやCheckで、フレーズや文法を学んでいきましょう。

STEP ❹ 練習問題にチャレンジ

エピソードが5つ進むごとに、練習問題が20問用意されています。問題に取り組み、これまで学んだ文法を理解しているかチェックしましょう。

音声データの使い方

本書では母音・子音、発音のルール、各エピソードのスキット、単語、覚えておきたいフレーズを音声データで収録しています。より実践的な韓国語を身につけるためにも、音声データを活用しましょう。

POINT 01

しっかり声に出して、自分の発音を確認しながら練習しましょう。

POINT 02

慣れてきたら本を閉じて、音声のあとに続いて発音してみましょう。

【注意事項】

●QRコードで音声を聴くときは別途通信料がかかります。Wi-Fi環境下で音声を聴くことをおすすめします。
●機種ごとの操作方法や設定に関してのご質問には対応しかねます。ご了承ください。

何度も聴いて、真似して発音するうちに、だんだん韓国語が聞き取れるようになるよ！

▼ 試聴方法

QRコードでカンタン再生

スマートフォンのQRコード読み込み用アプリで、STEPやエピソードの最初にあるQRコードを読み込めば、その場で音声が再生されます。QRコードには母音・子音、発音のルール、スキット、Vocabulary（単語）、Check（覚えておきたいフレーズ）が収録されています。

おまけ 全スキットを通しで聴く

全スキットを連続で聴くことのできる音声データを用意しました。じっくり聴くもよし、移動時間や家事の合間に聴くもよし、ひと通り勉強を終えた人や、耳を慣らしたい人におすすめです。

※音声のダウンロードは、パソコンで下記のURLにアクセスしてください。
http://www.ikedashoten.co.jp/space/korean_6986/all.zip

【ご注意】

●ご使用のパソコン環境によっては、音声のダウンロード、再生ができない場合がありますことをご理解ください。
●パソコンの操作方法や音声再生方法に関してのご質問には対応しかねます。ご了承ください。

※音声データは告知なく配布を中止する場合があります。
※音声の著作権は株式会社池田書店に属します。個人ではご利用いただけますが、再配布や販売、営利目的の利用はお断りします。

キャラクター紹介

韓国・ソウルに住む姉妹、スアとイェリンを中心に、
物語が展開していきます。

スア 수아

会社員の姉。カフェめぐりが趣味で、自分の理想を詰め込んだカフェを開くのが長年の夢。そろそろ開業資金が貯まってきたので、会社勤めをしながら物件を探している。

イェリン 예린

大学生の妹。姉のスアと一緒に暮らしている。アイドルオタクで、2年前のデビュー当初からアイドルグループ「ドリームランド」を応援。彼らの動画を撮ってSNSにアップしている。

ミニョク 민혁

スアが勤める会社に転職してきた青年。退勤後はジムに通って体を鍛えたり、興味のある分野の勉強をしたりと、自己研鑽に励んでいる。スアと気が合い、すぐに親しくなる。

シウ 시우

7人組アイドルグループ「ドリームランド」のリーダーでイェリンの最推し。グループの人気はイマイチだが、音楽番組のランキングで1位になることを目標に日々努力している。

韓国語の
きほん

韓国語の文法を学ぶ前に、まずは基本をチェック！
韓国語の仕組み、文字、発音のルールに分けて
3つのステップで見ていきましょう。

韓国語の仕組みを知ろう

Check 1

ハングルは子音と母音の組み合わせ

韓国語で使われている文字を「ハングル」といいます。子音と母音の組み合わせ
で成り立っていて、子音＋母音、または子音＋母音＋子音で1文字になります。
子音＋母音＋子音で成り立つ文字の最後の子音のことを「パッチム」と呼びます。

語順は日本語と同じ

韓国語の語順は日本語とほぼ同じなので、日本語と同じように文を組み立てればOK。日本語と同様に主語を省略することもできますし、「〜は」「〜が」「〜を」といった助詞もあります。また、日本語の「。」にあたる句点は「.」で、文末につけます。少し違うのは、「分かち書き」と呼ばれるスペースを入れること。基本的には、日本語でいう文節（意味の通じる最小単位）で区切ります。

漢字由来の言葉がある

韓国語の語彙には「固有語」、漢字がもとになった「漢字語」、英語などほかの言語がもとになった「外来語」があります。そのうち漢字語には日本語と共通しているものがたくさんあり、発音も似ています。

例えば

キ ブン
기분
気分

カ グ
가구
家具

「キブン」と
「きぶん」…
一緒だね！

ヤク ソク
약속
約束

オン ド
온도
温度

「～です、ます」は2種類ある

韓国語の丁寧な言い方には、日本語の「～です、ます」にあたる「ハムニダ体」と「ヘヨ体」があります。ハムニダ体はかしこまった印象で、ニュースやビジネスの場面などで使用。ヘヨ体はやわらかい印象で、日常会話でよく使われます。

| ハムニダ体 | 丁寧でかしこまった言い方 |

モク スム ニ ダ
먹습니다　食べます

| ヘヨ体 | 丁寧でやわらかい言い方 |

モ ゴ ヨ
먹어요　食べます　◁ 本書ではヘヨ体を中心に学んでいきます。

敬語もため口もある

韓国語には日本語と同じように敬語もため口もあり、Check4の2つの丁寧な言い方と合わせて、相手や場面によって使い分けます。初対面や年上の人、目上の人には敬語を使い、自分の親に対しても敬語を使うのが一般的です。日本語でいう「ため口」は「パンマル」と言い、同い年の友だちや年下の相手に使います。初対面の人や親しくない人に使うと失礼にあたるので気をつけましょう。

| 敬語 |

イ プ セ ヨ
입으세요　お召しになります

| パンマル |

イ ポ
입어　着るよ

Check 6

動詞や形容詞が活用する

韓国語では名詞や代名詞などを「体言」、動詞、形容詞、存在詞(いる、ある)、指定詞(〜である、〜でない)を「用言」と分類します。用言の基本形はすべて**ダ**で終わっていて、**ダ**を取った形を「語幹」と呼びます。この語幹にさまざまな語尾や表現がつく(活用する)ことによって文が完成します。

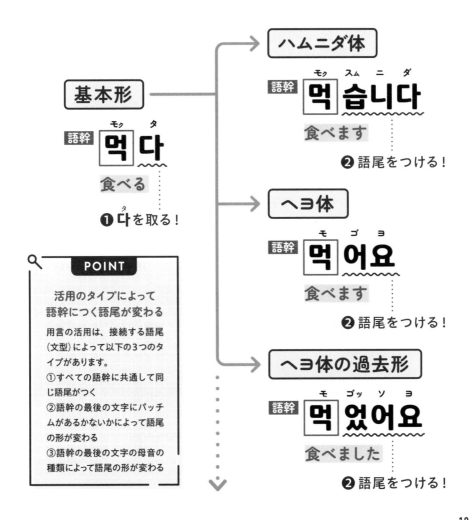

基本形

語幹 **먹**_{モク}**다**_タ

食べる

❶ **다**_タを取る!

POINT

活用のタイプによって語幹につく語尾が変わる

用言の活用は、接続する語尾(文型)によって以下の3つのタイプがあります。
①すべての語幹に共通して同じ語尾がつく
②語幹の最後の文字にパッチムがあるかないかによって語尾の形が変わる
③語幹の最後の文字の母音の種類によって語尾の形が変わる

ハムニダ体

語幹 **먹**_{モク}**습니다**_{スムニダ}

食べます

❷ 語尾をつける!

ヘヨ体

語幹 **먹**_モ**어요**_{ゴヨ}

食べます

❷ 語尾をつける!

ヘヨ体の過去形

語幹 **먹**_モ**었어요**_{ゴッソヨ}

食べました

❷ 語尾をつける!

13

文字を覚えよう

◁) step 2

☐ Check **1**

基本の母音は10個

基本の母音は口の開け方の違いを意識しながら覚えていきましょう。母音だけでは文字にならないので、無音の子音「**o**」をつけて解説します。

 口を大きく開けて

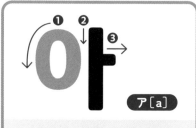

ア［a］

口を大きく開いて「ア」と発音します。日本語の「ア」とほぼ同じ音ですが、より大きく口を開けることを意識しましょう。

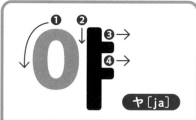

ヤ［ja］

口を大きく開いて「ヤ」と発音します。日本語の「ヤ」とほぼ同じ音ですが、より大きく口を開けることを意識しましょう。

オ［ɔ］

口を大きく開いて「オ」と発音します。

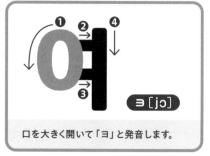

ヨ［jɔ］

口を大きく開いて「ヨ」と発音します。

唇を突き出して

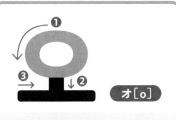

唇を突き出して丸くすぼめ、「オ」と発音します。

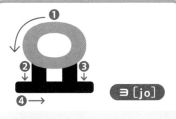

唇を突き出して丸くすぼめ、「ヨ」と発音します。

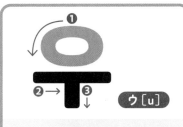

唇を突き出して丸くすぼめ、「ウ」と発音します。

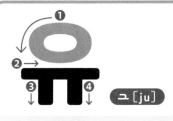

唇を突き出して丸くすぼめ、「ユ」と発音します。

 口を横に引いて

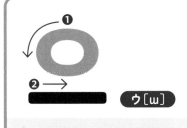

「イ」と発音するときと同じように口を横に引き、「ウ」と発音します。

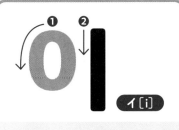

口を横に引いて「イ」と発音します。日本語の「イ」とほぼ同じ音ですが、しっかりと発音しましょう。

複合母音は基本の組み合わせ

基本の母音が組み合わさった母音を複合母音といい、11個あります。似た発音のものに分けて覚えていきましょう。無音の子音「ㅇ」をつけて解説します。

「エ」と「イェ」

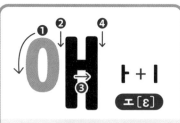

ㅏ+ㅣ
エ[ɛ]

日本語の「エ」と同じように発音します。

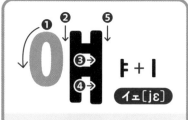

ㅑ+ㅣ
イェ[jɛ]

口を大きく開いて「イェ」と発音します。

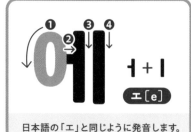

ㅓ+ㅣ
エ[e]

日本語の「エ」と同じように発音します。

ㅕ+ㅣ
イェ[je]

口を大きく開いて「イェ」と発音します。

3つの「ウェ」

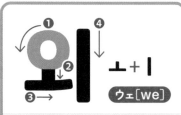

ㅗ+ㅣ
ウェ[we]

日本語の「ウェ」と同じように発音します。はじめに唇を丸くすぼめて発音することを意識しましょう。

複合母音は、ここまでの애(エ)、얘(イェ)、에(エ)、예(イェ)、외(ウェ)を覚えたら、それ以外（右ページ）はそれぞれの母音をそのまま早く発音するだけでOK。例えば와(ワ)は오(オ)と아(ア)を早く言うと「ワ」に、워(ウォ)は우(ウ)と어(オ)を早く言うと「ウォ」になります。

3つの「ウェ」

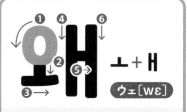

ㅗ + ㅐ

ウェ[wɛ]

日本語の「ウェ」と同じように発音します。はじめに唇を丸くすぼめて発音することを意識しましょう。

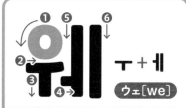

ㅜ + ㅔ

ウェ[we]

日本語の「ウェ」と同じように発音します。はじめに唇を丸くすぼめて発音することを意識しましょう。

そのほか

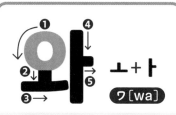

ㅗ + ㅏ

ワ[wa]

日本語の「ワ」と同じように発音します。はじめに唇を丸くすぼめて発音することを意識しましょう。

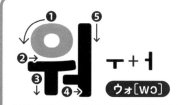

ㅜ + ㅓ

ウォ[wɔ]

日本語の「ウォ」と同じように発音します。はじめに唇を丸くすぼめて発音することを意識しましょう。

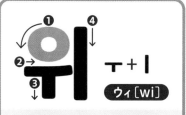

ㅜ + ㅣ

ウィ[wi]

唇を突き出して丸くすぼめ、「ウィ」と発音します。

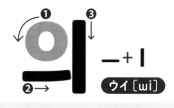

ㅡ + ㅣ

ウイ[ɰi]

口を横に引いて、口の形を変えないまま、ひと息で「ウイ」と発音します。

의の発音は3種類ある!

● 単語の頭にあるとき ▶ ウイ[ɰi]
例 의자(ウィジャ) 椅子

●「〜の」という意味のとき ▶ エ[e]
例 너의 이름(ノ エ イルム) 君の名前

● それ以外 ▶ イ[i]
例 주의(チュイ) 注意

왜(ウェ)
なぜ

17

基本の子音は10個

基本の子音は10個あり、そのうち「ㄱ」「ㄷ」「ㅂ」「ㅈ」は語中（単語の先頭以外）では濁って発音されます。子音だけでは文字にならないので、母音「ㅏ」をつけて解説します。発音しながらノートに書いて覚えるのもおすすめです。

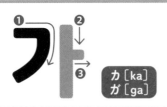

カ [ka]
ガ [ga]

語頭は日本語の「カ行」の子音とほぼ同じ音、語中は日本語の「ガ行」の子音とほぼ同じ音です。

ナ [na]

日本語の「ナ行」の子音とほぼ同じ音です。

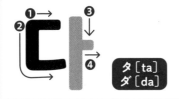

タ [ta]
ダ [da]

語頭は日本語の「タ行」の子音とほぼ同じ音、語中は日本語の「ダ行」の子音とほぼ同じ音です。

ラ [ra]

日本語の「ラ行」の子音とほぼ同じ音です。パッチム（P.10）では [l] の音になります。

マ [ma]

日本語の「マ行」の子音とほぼ同じ音です。

パ [pa]
バ [ba]

語頭は日本語の「パ行」の子音とほぼ同じ音、語中は日本語の「バ行」の子音とほぼ同じ音です。

サ [sa]

日本語の「サ行」の子音とほぼ同じ音です。

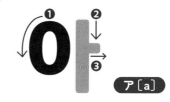

ア [a]

無音の子音です。パッチム（P.23）では「ン [ŋ]」の音になります。

チャ [tʃa]
ジャ [dʒa]

語頭は日本語の「チャ行」の子音とほぼ同じ音、語中は日本語の「ジャ行」の子音とほぼ同じ音です。

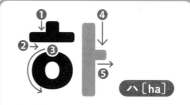

ハ [ha]

日本語の「ハ行」の子音とほぼ同じ音です。P.20の激音に分類されることもあります。

基本子音からP.20の激音まで、キラキラ星のメロディーで覚えましょう。

♪ 가나다라마바사 （カナダラマバサ）
　아자차카타파하 （アジャチャカタパハ）

비누
せっけん

라디오
ラジオ

모자
帽子

激音は息を強く出す

息を強く出して発音する4つの子音を「激音」といいます。語中でも濁って発音されず、どこにあっても同じ音です。母音「ㅏ」をつけて解説します。

日本語の「チャ行」の子音に近い音ですが、息を強く出して発音します。

日本語の「カ行」の子音に近い音ですが、息を強く出して発音します。

日本語の「タ行」の子音に近い音ですが、息を強く出して発音します。

日本語の「パ行」の子音に近い音ですが、息を強く出して発音します。

書体が変わると違う文字のように見えますが、少しずつ慣れていきましょう。「ㅇ」は明朝体だと上に点がついていますが、手書きのときは上から左回りに丸を書けばOK。「ㅈ」もゴシック体だと3画に見えますが、カタカナの「ス」のように最初の一画を一筆で書きます。また「ㅊ」や「ㅎ」の上の短い棒は少し右下がりに書いても、横に並行に書いても、どちらでもOKです。

ゴシック体 아 자 차 하
明朝体 아 자 차 하

차
車

파
ネギ

濃音は息をほぼ出さない

のどをしめるような感じで、息をほぼ出さずに発音する5つの子音を「濃音」といいます。語中でも濁って発音されず、どこにあっても同じ音です。母音「ㅏ」をつけて解説します。

ッカ[ʔka]

日本語の「カ行」の子音に近い音ですが、のどをしめるような感じで息をほぼ出さずに発音します。「うっかり」の「っか」のような音です。

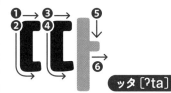
ッタ[ʔta]

日本語の「タ行」の子音に近い音ですが、のどをしめるような感じで息をほぼ出さずに発音します。「まったり」の「った」のような音です。

ッパ[ʔpa]

日本語の「パ行」の子音に近い音ですが、のどをしめるような感じで息をほぼ出さずに発音します。「やっぱり」の「っぱ」のような音です。

ッサ[ʔsa]

日本語の「サ行」の子音に近い音ですが、のどをしめるような感じで息をほぼ出さずに発音します。「あっさり」の「っさ」のような音です。

ッチャ[ʔtʃa]

日本語の「チャ行」の子音に近い音ですが、のどをしめるような感じで息をほぼ出さずに発音します。「ぽっちゃり」の「っちゃ」のような音です。

진짜?
チン ッチャ
ホント?

発音してみよう

🔊 step 3

🔗 Check 1

パッチムには7つの音がある

子音＋母音＋子音で構成された文字の最後の子音のことを「パッチム」といいます。パッチムには右ページの表の7つの音があります。

🔗 Check 2

子音が2つの二重パッチム

異なる2つの子音が並んだ「二重パッチム」もあります。

発音	パッチム	発音の仕方
ㄱ ク[k]	ㄱ ㅋ ㄲ ㄳ ㄺ	「ック」と言うようなイメージで発音しますが、「ク」は言いません。舌の奥側を上あごにつけて止めます。
ㄴ ン[n]	ㄴ ㄵ ㄶ	舌の先を上の歯の裏側と歯茎につけて「ン」と発音します。唇は開いたままで、歯の間から舌が見える状態です。
ㄷ ッ[t]	ㄷ ㅌ ㅅ ㅆ ㅈ ㅊ ㅎ	「ット」と言うようなイメージで発音しますが、「ト」は言いません。舌の先を上の歯の裏側と歯茎につけて止めます。
ㄹ ル[l]	ㄹ ㄼ ㄽ ㄾ ㅀ	英語の「ℓ」と言うときよりも舌の力を抜き、上あごの天井の後方に軽くつけて発音します。
ㅁ ム[m]	ㅁ ㄻ	唇を閉じて「ン」と発音します。
ㅂ ブ[p]	ㅂ ㅍ ㅄ ㄿ	「ップ」と言うようなイメージで発音しますが、「プ」は言いません。唇を閉じて発音します。
ㅇ ン[ŋ]	ㅇ	「ング」と言うようなイメージで発音しますが、「グ」は言いません。舌の奥側を上あごにつけて止めます。舌の先はどこにもつかず、口は開けっ放しの状態です。

基本的に「ㄺ」「ㄻ」「ㄿ」は右側、それ以外は左側の子音を発音します。数字に見える二重パッチム（ㄺ→27、ㄻ・ㄿ→20）は右側と覚えましょう。

例 닭[닥] 鶏／몫[목] 役割

＊ただし밟다（踏む）のパッチムはㅂを発音します。
また、パッチムㄺはㄱで始まる語尾が後ろにくる場合、ㄹを発音します。

知っておきたい発音のルール

ハングルにはいくつかの発音のルールがあります。ここで一度に覚えなくても大丈夫。学習を進めながら少しずつ慣れていきましょう。

連音化

○以外のパッチムのあとに母音（無音の○で始まる文字）が続くと、そのパッチムが母音にくっついて発音されます。パッチムがㄱ、ㄷ、ㅂ、ㅈの場合は語中と同じく濁って発音し、二重パッチムの場合は2つの子音を続けて発音します。

表記 **発音**

한국어 ▶▶ [**한구거**]
ハン グ ゴ
韓国語

표記 **発音**

넓이 ▶▶ [**널비**]
ノル ビ
広さ

濃音化

ㄱ [k]、ㄷ [t]、ㅂ [p] で発音するパッチムのあとにㄱ、ㄷ、ㅂ、ㅅ、ㅈがくると、それぞれ濃音として発音され、音が濁りません。

表記 **発音**

작곡 ▶▶ [**작꼭**]
チャク コク
作曲

表記 **発音**

잡지 ▶▶ [**잡찌**]
チャプ チ
雑誌

> チャプジとはなりません。

表記 **発音**

숟가락 ▶▶ [**숟까락**]
スッ ッカ ラク
スプーン

激音化

ㄱ[k]、ㄷ[t]、ㅂ[p]で発音するパッチムのあとにㅎがくると、それぞれ激音として発音されます。ㅎのあとにㄱ、ㄷ、ㅈがきても同様に激音化します。

表記 **発音**

직후 ▶▶ [지쿠]
<small>チ ク</small>

直後

表記 **発音**

못하다 ▶▶ [모타다]
<small>モ タ ダ</small>

できない

表記 **発音**

입학 ▶▶ [이팍]
<small>イ パク</small>

入学

表記 **発音**

좋다 ▶▶ [조타]
<small>チョ タ</small>

よい

ㅎ[h]の弱化・脱落

ㄴ、ㄹ、ㅁ、ㅇのパッチムのあとにㅎがくると、ㅎが弱くなりほとんど聞こえません(弱化)。また、ㅎのパッチムのあとに母音がくるとㅎは全く発音されません(脱落)。

表記 **発音**

번호 ▶▶ [버노]
<small>ポ ノ</small>

に聞こえる

番号

表記 **発音**

일하다 ▶▶ [이라다]
<small>イ ラ ダ</small>

に聞こえる

働く

表記 **発音**

암호 ▶▶ [아모]
<small>ア モ</small>

に聞こえる

暗号

表記 **発音**

조용히 ▶▶ [조용히]
<small>チョ ヨン ヒ</small>

静かに

> ㅎが弱くなり、ほとんど聞こえないこともあります。

表記 **発音**

많아요 ▶▶ [마나요]
<small>マ ナ ヨ</small>

多いです

ㄱ[ᵏ]、ㄷ[ᵗ]、ㅂ[ᵖ]で発音するパッチムのあとにㄴ、ㅁがくると、それぞれㄱ→ㅇ、ㄷ→ㄴ、ㅂ→ㅁと発音が変化します。また、ㄱ[ᵏ]、ㄷ[ᵗ]、ㅂ[ᵖ]、ㅁ[m]、ㅇ[ŋ]で発音するパッチムのあとにㄹがくると、ㄹ→ㄴに音が変化し、ㄱ[ᵏ]、ㄷ[ᵗ]、ㅂ[ᵖ]はそれぞれㄱ→ㅇ、ㄷ→ㄴ、ㅂ→ㅁと発音が変化します。

表記 **発音**
합니다 ▶▶ [ハムニダ 합니다]
します

ハプニダとは
なりません。

表記 **発音**
국립 ▶▶ [クンニブ 궁닙]
国立

ククリプとは
なりません。

表記 **発音**
막내 ▶▶ [マンネ 망내]
末っ子

表記 **発音**
옛날 ▶▶ [イェンナル 옌날]
昔

表記 **発音**
몇 명 ▶▶ [ミョンミョン 면명]
何名

表記 **発音**
협력 ▶▶ [ヒョムニョク 혐녁]
協力

表記 **発音**
합리화 ▶▶ [ハムニファ 함니화]
合理化

表記 **発音**
강력 ▶▶ [カンニョク 강녁]
強力

流音化

パッチム**ㄹ**のあとに**ㄴ**がきたとき、またはパッチム**ㄴ**のあとに**ㄹ**がきたとき、どちらも**ㄹㄹ**と発音されます。

表記　**発音**

실내 ▶▶ [**실래**]
　　　　　　シル　レ

室内

表記　**発音**

연락 ▶▶ [**열락**]
　　　　　　ヨル　ラㇰ

連絡

ㅁ蓋音化

パッチム**ㄷ**、**ㅌ**のあとに**이**がくると、それぞれ**지**、**치**と発音されます。

表記　**発音**

굳이 ▶▶ [**구지**]
　　　　　　ク　ジ

あえて

表記　**発音**

같이 ▶▶ [**가치**]
　　　　　　カ　チ

一緒に

ㄴ[n]の挿入

合成語（2つ以上の単語が組み合わさった言葉）において前の単語がパッチムで終わっているとき、後ろの単語の最初が**이**、**야**、**얘**、**여**、**예**、**요**、**유**で始まると、その直前に**ㄴ** [n] の音が挿入されて発音されることがあります。

表記　**発音**

두통약 ▶▶ [**두통냑**]
　　　　　　トゥ　トン　ニャㇰ

頭痛薬

두통(頭痛)+약(薬)
2つの単語の合成語です。

表記　**発音**

한여름 ▶▶ [**한녀름**]
　　　　　　ハン　ニョ　ルム

真夏

한(真〜)+여름(夏)
2つの単語の合成語です。

自分の名前をハングルで書いてみよう

以下は日本語のかな文字をハングルで表したものです。
表を参考にしながら、自分の名前をハングルで書いてみましょう。

あ	아	い	이	う	우	え	에	お	오
か	가(語頭)카(語中)	き	기(語頭)키(語中)	く	쿠	け	게(語頭)케(語中)	こ	고(語頭)코(語中)
さ	사	し	시	す	스	せ	세	そ	소
た	다(語頭)타(語中)	ち	지(語頭)치(語中)	つ	쓰(츠/쯔)	て	테	と	도(語頭)토(語中)
な	나	に	니	ぬ	누	ね	네	の	노
は	하	ひ	히	ふ	후	へ	헤	ほ	호
ま	마	み	미	む	무	め	메	も	모
や	야			ゆ	유			よ	요
ら	라	り	리	る	루	れ	레	ろ	로
わ	와			を	오			ん	ㄴ
が	가	ぎ	기	ぐ	구	げ	게	ご	고
ざ	자	じ	지	ず	즈	ぜ	제	ぞ	조
だ	다	ぢ	지	づ	즈	で	데	ど	도
ば	바	び	비	ぶ	부	べ	베	ぼ	보
ぱ	파	ぴ	피	ぷ	푸	ぺ	페	ぽ	포

きゃ	갸(語頭)캬(語中)	きゅ	규(語頭)큐(語中)	きょ	교(語頭)쿄(語中)	ぎゃ	갸	ぎゅ	규	ぎょ	교
しゃ	샤	しゅ	슈	しょ	쇼	じゃ	자	じゅ	주/쥬	じょ	조/죠
ちゃ	자(語頭)차(語中)	ちゅ	주(語頭)추(語中)	ちょ	조(語頭)초(語中)	にゃ	냐	にゅ	뉴	にょ	뇨
ひゃ	햐	ひゅ	휴	ひょ	효	びゃ	뱌	びゅ	뷰	びょ	뵤
ぴゃ	퍄	ぴゅ	퓨	ぴょ	표	みゃ	먀	みゅ	뮤	みょ	묘
りゃ	랴	りゅ	류	りょ	료						

＊伸ばす音は表記しません。例 ゆうと→**유토**　＊「ん」はパッチムの**ㄴ**を使います。例 かんな→**칸나**
＊促音の「っ」はパッチムの**ㅅ**を使います。例 いっしき→**잇시키**

28

회화문으로 배우는 한국어

会話文で学ぶ韓国語

韓国・ソウルに暮らす会社員のスアとミニョク、
大学生のイェリンらの会話を通じて、
韓国語の主要な文法を学んでいきましょう。

スアとミニョクの出会い

안녕하세요? 김수아입니다.

アンニョ ハ セ ヨ　　キム ス ア イム ニ ダ

こんにちは。キム・スアです。

ep1

☑ あいさつ　☑ ～です（ハムニダ体）
☑ ～ですか？（ハムニダ体）　☑ ～は（助詞）

민혁
ミニョク

アンニョ ハ シム ニ ッカ　チョ ヌン イ ミ ニョ ギム ニ ダ

안녕하십니까? 저는 이민혁입니다.

こんにちは。私はイ・ミニョクです。

수아
スア

アンニョ ハ セ ヨ　　キム ス ア イム ニ ダ

안녕하세요? 김수아입니다.

こんにちは。キム・スアです。

マン ナ ソ　パン ガ プ スム ニ ダ

만나서 반갑습니다.

お会いできてうれしいです。

オ ヌル チョッ チュル グ ニム ニ ッカ

오늘 첫 출근입니까?

今日初出勤ですか？

민혁
ミニョク

ネ　チョン ナ リム ニ ダ

네, 첫날입니다.

はい、初日です。

수아
スア

ア プ ロ　チャル プ タ カム ニ ダ

앞으로 잘 부탁합니다.

これからよろしくお願いします。

Vocabulary

저：私、わたくし ＊かしこまった言い方
オヌル
오늘：今日
チョッ
첫：初、最初

チュルグン
출근：出勤
チョンナル
첫날：初日
アプロ
앞으로：これから、今後

Check ≫ **あいさつ**

まずは、日常生活でよく使うフレーズを覚えましょう。

アンニョンハセヨ
안녕하세요?

こんにちは。

一日中使えるあいさつ。直訳は「安寧でいらっしゃいますか？」なので疑問形だが、「?」をつけずに使うことも多い。

アンニョンハシムニッカ
안녕하십니까?

こんにちは。

안녕하세요?より、かたい表現。

マンナソ バンガプスムニダ
만나서 반갑습니다.

お会いできてうれしいです。

만나서を省略して、반갑습니다だけでも同じ意味で使える。

チャル プタカムニダ
잘 부탁합니다.

よろしくお願いします。

前に앞으로をつけると「これからよろしくお願いします」という意味に。

カムサハムニダ
감사합니다.

ありがとうございます。

感謝の気持ちを伝えるときの一言。誰に対しても使える。

コマウォヨ
고마워요.

ありがとう。

감사합니다よりもくだけた言い方。

アンニョンヒ カセヨ
안녕히 가세요.

さようなら。

その場に残る人が去る人に対して使う。直訳は「安寧にお行きください」。

アンニョンヒ ケセヨ
안녕히 계세요.

さようなら。

その場を去る人が残る人に対して使う。直訳は「安寧にいてください」。

ネ イェ
네. / 예.

はい。

肯定の返事。예のほうがより丁寧な印象。

アニョ アニョ
아니요. / 아뇨.

いいえ。

否定の返事。아뇨는아니요の縮約形。

EP 01 スアとミニョクの出会い

31

～です（ハムニダ体）

ハムニダ体の「～です」は、名詞＋**입니다**です。名詞の最後の文字にパッチム
があってもなくても、どちらも**입니다**をつけます。ハムニダ体は丁寧でかしこ
まった文体で、主にビジネスやニュースなどフォーマルな場面で使われます。

すべて の名詞 ＋ **입니다.**

例 **カノサイムニダ**
간호사입니다.
看護師です。

간호사 看護師

💬 鼻音化（P.26）によって
ㅂ[p]がㅁ[m]に変化し、
［イムニダ］と発音される。

例 **フェサウォニムニダ**
회사원입니다.
会社員です。

회사원 会社員

例 **イルボン サラミムニダ**
일본 사람입니다.
日本人です。

일본 사람 日本人

～ですか？（ハムニダ体）

ハムニダ体の「～ですか？」は、名詞＋**입니까?**です。名詞の最後の文字にパ
ッチムがあってもなくても、どちらも**입니까?**をつけます。疑問文なので文末
を上げて発音します。

すべて の名詞 ＋ **입니까?**

例 **コンッチャイムニッカ**
공짜입니까?
無料ですか？

공짜 無料

例 **ハクセンイムニッカ**
학생입니까?
学生ですか？

학생 学生

例 **ハングク サラミムニッカ**
한국 사람입니까?
韓国人ですか？

한국 사람 韓国人

Point 　～は（助詞）

助詞「～は」は**는/은**です。主語になる名詞の最後の文字にパッチムがない場合
は**는**、パッチムがある場合は**은**となります。

パッチムなし の名詞 ＋ **는**

例 **저는 대학생입니다.**
チョヌン　テ ハッ センイム ニ ダ
私は大学生です。

○ テ ハク セン **대학생** 大学生

例 **취미는 게임입니다.**
チュィ ミ ヌン　ケ イ ムイ ニ ダ
趣味はゲームです。

○ チュィ ミ **취미** 趣味　　○ ケ イム **게임** ゲーム

例 **특기는 피아노입니다.**
トゥク キ ヌン　ピ ア ノ イム ニ ダ
特技はピアノです。

○ トゥク キ **특기** 特技　　○ ピ ア ノ **피아노** ピアノ

パッチムあり の名詞 ＋ **은**

例 **이름은 레이입니다.**
イ ル ムン　レ イ イム ニ ダ
名前はレイです。

○ イ ルム **이름** 名前

例 **직업은 사무직입니다.**
チ ゴ ブン　サ ム ジ ギム ニ ダ
職業は事務職です。

○ チ ゴプ **직업** 職業　　○ サ ム ジク **사무직** 事務職

🏷 **年齢をたずねて仲良くなる!?**

韓国では初対面で年齢を聞かれることも。

・**나이가 어떻게 되세요?**（年齢がどのようになりますか？）
　ナ イ ガ オットケ トェ セ ヨ

・**몇 살이세요?**（何歳でいらっしゃいますか？）
　ミョッ サ リ セ ヨ

・**몇 년생이세요?**（何年生まれでいらっしゃいますか？）
　ミョッ ニョンセンイ セ ヨ

などと表現します。

23살　89년생　00년생　34살

⊕ 韓国では年齢は数え年が一般的でしたが、2023 年 6 月から満年齢に統一されました。　**33**

スアとミニョクのMBTI

E가 아니에요.
<ruby>イ<rt></rt></ruby> <ruby>ガ<rt></rt></ruby> <ruby>ア<rt></rt></ruby> <ruby>ニ<rt></rt></ruby> <ruby>エ<rt></rt></ruby> <ruby>ヨ<rt></rt></ruby>

Eじゃありません。

◻〜です／〜ですか？（ヘヨ体）　◻〜が（助詞）
◻〜は何ですか？　◻〜ではありません／〜ではありませんか？

민혁
ミニョク

> **수아 씨, MBTI가 뭐예요?**
> ス ア ッシ エム ビ ティ アイ ガ ムォ エ ヨ
>
> スアさん、MBTIは何ですか？
>
> **혹시 E 아니에요?**
> ホク シ イ ア ニ エ ヨ
>
> もしかしてEじゃないですか？

수아
スア

> **저는 E가 아니에요. INFP예요.**
> チョ ヌン イ ガ ア ニ エ ヨ アイ エ ネ プ ビ エ ヨ
>
> 私はEじゃありません。INFPです。

민혁
ミニョク

> **그래요? 의외네요.**
> ク レ ヨ ウイ ウェ ネ ヨ
>
> そうですか？　意外ですね。

수아
スア

> **민혁 씨는요?**
> ミ ニョク ッシ ヌン ニョ
>
> ミニョクさんは？

민혁
ミニョク

> **저는 ENFJ예요.**
> チョ ヌン イ エ ネ プ ジェイ エ ヨ
>
> 僕はENFJです。

씨：〜さん
MBTI：16タイプに分類される性格診
断の一種
뭐：何 ＊무엇の縮約形
혹시：もしかして

그래요?：そうですか?
의외네요：意外ですね
는/은요?：〜は?
＊丁寧に聞き返したいときは는/은のあとに요を
つける

Point 〜です／ですか？（ヘヨ体）

ヘヨ体の「〜です」は、名詞＋예요/이에요です。名詞の最後の文字にパッチ
ムがない場合は예요、パッチムがある場合は이에요をつけます。疑問形にす
る場合は、最後に「?」をつけて文末を上げて発音します。ヘヨ体は丁寧でや
わらかい文体で、日常会話で多く使われます。

EP・02／ スアとミニョクのMBTI

パッチムなし の名詞 ＋ 예요（?）

名詞につくとき、
예요は[イェヨ]で
はなく[에요(エヨ)]
と発音される。

例 **저예요.**
私です。
저 私
＊かしこまった言い方

例 **가수예요?**
歌手ですか？
가수 歌手

例 **배우예요?**
俳優ですか？
배우 俳優

パッチムあり の名詞 ＋ 이에요（?）

例 **팬이에요.**
ファンです。
팬 ファン

例 **아이돌이에요?**
アイドルですか？
아이돌 アイドル

Point ～が （助詞）

助詞「～が」は**가/이**です。主語になる名詞の最後の文字にパッチムがない場合は**가**、パッチムがある場合は**이**となります。

パッチムなし の名詞 ＋ **가**

> 「私が」の場合は、**저가**ではなく**제가**となる。

例 **제가** 언니예요.
チェ ガ オン ニ エ ヨ
私がお姉さんです。

> 언니 姉、お姉さん
> オン ニ
>
> ＊女性が親しい年上の女性を呼ぶときの呼称

パッチムあり の名詞 ＋ **이**

例 **동생이** 고등학생이에요.
トンセン イ コ ドゥンハク セン イ エ ヨ
弟/妹が高校生です。

> 동생 弟/妹
> トンセン
>
> 고등학생 高校生
> コ ドゥンハク セン
>
> ＊性別は区別せず、年下のきょうだい、または親しい年下の人のこと。区別する言い方はP.123参照

Point ～は何ですか？

「～は何ですか？」は、名詞＋**가/이 뭐예요?**です。主語になる名詞の最後の文字にパッチムがない場合は**가 뭐예요?**、パッチムがある場合は**이 뭐예요?**をつけます。疑問詞の「何」は**무엇**ですが、縮約して**뭐**となり、それに**예요?**（～ですか？）をつけた形が**뭐예요?**（何ですか？）です。

パッチムなし の名詞 ＋ **가 뭐예요?**
ガ ム ォ エ ヨ

例 **이유가 뭐예요?**
イ ユ ガ ム ォ エ ヨ
理由は何ですか？

> 이유 理由
> イ ユ

> 「～は何ですか？」と尋ねる場合、助詞は**는/은**（～は）ではなく**가/이**（～が）を使う。ほかの疑問詞を使った文も同様。

パッチムあり の名詞 ＋ **이 뭐예요?**
イ ム ォ エ ヨ

例 **전공이 뭐예요?**
チョンゴン イ ム ォ エ ヨ
専攻は何ですか？

> 전공 専攻
> チョンゴン

36

Point 〜ではありません／〜ではありませんか？

「〜ではありません」は、名詞＋**가/이 아니에요**（ガ イ アニエヨ）です。名詞の最後の文字にパッチムがない場合は**가 아니에요**（ガ アニエヨ）、パッチムがある場合は**이 아니에요**（イ アニエヨ）をつけます。疑問形にする場合は、最後に「？」をつけて文末を上げて発音します。

パッチムなし の名詞 ＋ **가 아니에요**（ガ アニエヨ）**(?)**

例 **제가 아니에요.**（チェガ アニエヨ）
私ではありません。

저（チョ） 私
＊かしこまった言い方。助詞가（〜が）をつけると제가（私が）となる

例 **배우가 아니에요?**（ベウガ アニエヨ）
俳優ではありませんか？

배우（ベウ） 俳優

パッチムあり の名詞 ＋ **이 아니에요**（イ アニエヨ）**(?)**

例 **술이 아니에요.**（スリ アニエヨ）
お酒ではありません。

술（スル） 酒

例 **오늘 아니에요?**（オヌル アニエヨ）
今日ではありませんか？

오늘（オヌル） 今日

🔊 助詞가/이は省略されることもある。

💡 **性格を16タイプに分類するMBTI**
韓国で数年前から流行している、性格診断のMBTI。今では初対面の人にMBTIを聞くことも珍しくありません。16タイプは大きく2つに分けられ、頭文字がEのタイプは外向型、Iは内向型といわれています。

⊕ 씨（〜さん）を名字につけて呼ぶと失礼にあたるので注意。フルネームか名前につけます。 **37**

ep 3

スアとミニョクはご近所さん

근처에 뭐가 있어요?
クン チョ エ ムォ ガ イッ ソ ヨ
近所に何がありますか？

☐ 〜はどこですか？　☐ あります、います／ありますか？、いますか？
☐ ありません、いません／ありませんか？、いませんか？　☐ この／その／あの（指示代名詞）

수아
スア

チ ビ オ ディ エ ヨ
집이 어디예요?
家はどこですか？

민혁
ミニョク

チョ ヒ　チ ブン ヨン ナム ドン イ エ ヨ
저희 집은 연남동이에요.
僕の家は延南洞です。

수아
スア

オ　チョ ヒ チプ ト ヨン ナム ドン イ エ ヨ
어, 저희 집도 연남동이에요.
あ、私の家も延南洞です。

クン チョ エ ムォ ガ イッ ソ ヨ
근처에 뭐가 있어요?
近所に何がありますか？

민혁
ミニョク

カ ペ　ピョ リ イッ ソ ヨ
카페 '별'이 있어요.
カフェ「BYUL」があります。

수아
スア

チョ コ ギ タン ゴ リ エ ヨ
저 거기 단골이에요.
私そこの常連です。

Vocabulary

^{チプ}
집：家

^{オ ディ}
어디：どこ

^{チョ ヒ}
저희：私たち ＊かしこまった言い方

^{ヨンナムドン}
연남동：延南洞（ヨンナムドン）

＊ソウル市内の地名の一つ

^オ
어：あ、お ＊驚きを表す感嘆詞

^ト
도：〜も ＊助詞

^{クンチョ}
근처：近所

^エ
에：〜に ＊場所を表す助詞

^{カ ペ}
카페：カフェ

^{ビョル}
별：星

＊会話文内の店名は発音を英字にしたBYUL

^{タンゴル}
단골：常連、行きつけ

Point 〜はどこですか？

「〜はどこですか？」は、名詞＋**가/이 어디예요?**です。名詞の最後の文字にパッチムがない場合は**가 어디예요?**、パッチムがある場合は**이 어디예요?**をつけます。**어디예요?**だけなら「どこですか？」という意味。**어디**は疑問詞「どこ」で、それに**예요?**（〜ですか？）がついた形です。

パッチムなし の名詞 ＋ **가 어디예요?**

例 **입구가 어디예요?**
入口はどこですか？

○ 입구 入口

疑問詞を使った文なので、助詞は**는/은**（〜は）ではなく**가/이**（〜が）を使う。

例 **출구가 어디예요?**
出口はどこですか？

○ 출구 出口

パッチムあり の名詞 ＋ **이 어디예요?**

例 **화장실이 어디예요?**
トイレはどこですか？

○ 화장실 トイレ

例 **편의점이 어디예요?**
コンビニはどこですか？

○ 편의점 コンビニ

Point あります、います／ありますか?、いますか?

「あります」「います」はどちらも**있어요**です。人に対しても物に対しても使え
ます。疑問形にする場合は、最後に「?」をつけて文末を上げて発音します。

있어요(?)
イッソ ヨ

例 **사람이 있어요.**
サ ラ ミ イッ ソ ヨ
人がいます。

○ **사람** 人
サ ラ ム

例 **여권은 있어요.**
ヨ クォ ヌン イッ ソ ヨ
パスポートはあります。

○ **여권** パスポート
ヨ クォン

💬 **여권**は[여꿘]と発
音する。

例 **메뉴판 있어요?**
メ ニュ バン イッ ソ ヨ
メニュー表ありますか?

○ **메뉴판** メニュー表
メ ニュ バン

🔊 助詞**가/이**(〜が)、
는/은(〜は)は、し
ばしば省略される。

Point ありません、いません／ありませんか?、いませんか?

「ありません」「いません」はどちらも**없어요**です。人に対しても物に対しても
使えます。疑問形にする場合は、最後に「?」をつけて文末を上げて発音します。

없어요(?)
オプ ソ ヨ

例 **손님이 없어요.**
ソン ニ ミ オプ ソ ヨ
お客さんがいません。

○ **손님** お客さん
ソン ニム

例 **시간이 없어요.**
シ ガ ニ オプ ソ ヨ
時間がありません。

○ **시간** 時間
シ ガン

例 **방에 티비가 없어요?**
パン エ ティ ビ ガ オプ ソ ヨ
部屋にテレビがありませんか?

○ **방** 部屋
パン

○ **티비** テレビ
ティ ビ

＊正式な表記は티브이だが、
こちらがよく使われる

人やもの、場所、方角などを指す言葉には以下のものがあります。

この	ここ	これ
イ **이**	ヨギ **여기**	イゴッ　イゴ **이것 / 이거**
その	そこ	それ
ク **그**	コギ **거기**	クゴッ　クゴ **그것 / 그거**
あの	あそこ	あれ
チョ **저**	チョギ **저기**	チョゴッ　チョゴ **저것 / 저거**

🔊 **이것/이거**の代わりに**요것/요거**と言うこともある。

💬 **이거、그거、저거**は縮約形。話すときによく使われる。

助詞**이**（〜が）、**은**（〜は）、**을**（〜を）をつけた形も覚えましょう。右側の**이게**、**이건**、**이걸**などは縮約形で、会話でよく使われます。

これが	これは	これを
イゴシ　イゲ **이것이 / 이게**	イゴスン　イゴン **이것은 / 이건**	イゴスル　イゴル **이것을 / 이걸**
それが	それは	それを
クゴシ　クゲ **그것이 / 그게**	クゴスン　クゴン **그것은 / 그건**	クゴスル　クゴル **그것을 / 그걸**
あれが	あれは	あれを
チョゴシ　チョゲ **저것이 / 저게**	チョゴスン　チョゴン **저것은 / 저건**	チョゴスル　チョゴル **저것을 / 저걸**

EP 03 ／ スアとミニョクはご近所さん

📍 路地にカフェが立ち並ぶ延南洞

延南洞は弘大入口駅の北西部に広がるエリア。カフェや小さな食堂、雑貨店が集まっていて、週末はたくさんの人でにぎわいます。特にカフェが多いので、1日に何軒も巡る“カフェツアー”をするのにおすすめです。

⊕ 一人暮らしでも、自分の家は「**저희 집、우리 집**（私たちの家）」と表現するのが一般的。

ep 4

会社の帰り道にて

カ ペ エ チャ ジュ カ ヨ
카페에 자주 가요.
カフェによく行きます。

☐ 〜です、〜ます／〜ですか？、〜ますか？（ヘヨ体）
☐ 〜します／〜しますか？（ヘヨ体）

수아
スア

ポ トン トェ グン フ エ ムォ ヘ ヨ
보통 퇴근 후에 뭐 해요?
普段、退勤後に何しますか？

민혁
ミニョク

チュ ロ ウン ドン ヘ ヨ ス ア ッシ ヌン ニョ
주로 운동해요. 수아 씨는요?
主に運動します。スアさんは？

수아
スア

チョ ヌン カ ペ ビョ レ チャ ジュ カ ヨ
저는 카페 '별'에 자주 가요.
私はカフェ「BYUL」によく行きます。

コ ギ ソ カックム チョ ニョク ト モ ゴ ヨ
거기서 가끔 저녁도 먹어요.
そこでたまに夕食も食べます。

민혁
ミニョク

ク レ ヨ ムォ ガ マ シッ ソ ヨ
그래요? 뭐가 맛있어요?
そうですか？ 何がおいしいですか？

수아
スア

パ ス タ ガ マ シッ ソ ヨ
파스타가 맛있어요.
パスタがおいしいです。

보통〔ポトン〕：普通、普段

퇴근〔トェグン〕：退勤

후〔フ〕：後

하다〔ハダ〕：する

주로〔チュロ〕：主に

운동하다〔ウンドンハダ〕：運動する

자주〔チャジュ〕：よく、たびたび

가다〔カダ〕：行く

거기서〔コギソ〕：そこで

가끔〔カックム〕：たまに

저녁〔チョーニョク〕：夕方、夜、夕食

먹다〔モクタ〕：食べる

맛있다〔マシッタ〕：おいしい

파스타〔パスタ〕：パスタ

Point ～です、～ます／～ですか?、～ますか?（ヘヨ体）

ヘヨ体の「～です、～ます」は、動詞・形容詞の基本形から最後の**다**を取った形（語幹）+ **아요**/**어요**です。この文型は語幹の最後の文字の母音に注目。語幹の最後の文字の母音が陽母音（ㅏ、ㅑ、ㅗ）の場合は**아요**、陰母音（ㅏ、ㅑ、ㅗ以外）の場合は**어요**をつけます。疑問形にする場合は、最後に「?」をつけて文末を上げて発音します。

陽母音(ㅏ、ㅑ、ㅗ)の語幹 + **아요**〔アヨ〕(?)

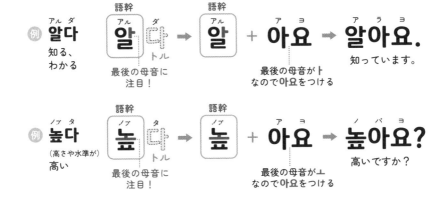

例 **알다**〔アルダ〕
知る、わかる

알〔アル〕**다**〔ダ〕（トル）→ 最後の母音に注目！ **알**〔アル〕 + **아요**〔アヨ〕 → **알아요.**〔アラヨ〕
知っています。

最後の母音がㅏなので아요をつける

例 **높다**〔ノプタ〕
（高さや水準が）高い

높〔ノプ〕**다**〔タ〕（トル）→ 最後の母音に注目！ **높**〔ノプ〕 + **아요**〔アヨ〕 → **높아요?**〔ノバヨ〕
高いですか?

最後の母音がㅗなので아요をつける

43

P.40で学んだ**있어요**(あります、います)/**없어요**(ありません、いません)も存在詞の基本形**있다/없다**の語幹に**어요**をつけた形です。**맛있다**(おいしい)や**맛없다**(まずい)といった**있다/없다**がついた単語も存在詞として扱い、**맛있어요**(おいしいです)、**맛없어요**(まずいです)と活用します。

> 😊 **맛없어요**は例外的に [マソプソヨ] ではなく [マドプソヨ] と発音する。

語幹にパッチムがない動詞・形容詞の「〜です、〜ます」も同様に**아요/어요**_{アヨ/オヨ}を語幹につけますが、その際に母音が縮約されます。

基本形	語幹の最後の母音	接続する語尾	縮約の仕方	
가다 行く	ㅏ	아요	가 + 아요 ➡ 가요 行きます	ㅏと**아**が重なる
오다 来る	ㅗ	아요	오 + 아요 ➡ 와요 来ます	ㅗと**아**が合体する
건너다 渡る	ㅓ	어요	건너 + 어요 ➡ 건너요 渡ります	ㅓと**어**が重なる
켜다 点ける	ㅕ	어요	켜 + 어요 ➡ 켜요 点けます	ㅕと**어**が重なる
내다 出す	ㅐ	어요	내 + 어요 ➡ 내요 出します	ㅐと**어**が重なる
세다 強い	ㅔ	어요	세 + 어요 ➡ 세요 強いです	ㅔと**어**が重なる
주다 あげる	ㅜ	어요	주 + 어요 ➡ 줘요 あげます	ㅜと**어**が合体する
가르치다 教える	ㅣ	어요	가르치 + 어요 ➡ 가르쳐요 教えます	ㅣと**어**が合体する
되다 なる	ㅚ	어요	되 + 어요 ➡ 돼요 なります	ㅚと**어**が合体する

Point ～します／～しますか？（ヘヨ体）

ヘヨ体の「します」は、基本形**하다**（する）を活用して**해요**の形にします。これはもともと、基本形の**하다**から最後の**다**を取った形の語幹**하**に語尾の**여요**がついたもので、変則的に**해요**の形になります。**하다**がつく動詞・形容詞はすべて同様に活用し、これらの単語を**하다**用言といいます。疑問形にする場合は、最後に「？」をつけて文末を上げて発音します。

하다用言 の하다 ➡ 해요（？）

例 **사랑하다**
愛する

해요に形が変わる

サランハ
사랑하 ダ
トル
➡ 語幹
サランハ
사랑하 ＋ ヨ ヨ
여요 ➡ サラン ヘ ヨ
사랑해요.
愛しています。

例 **말하다**
言う

해요に形が変わる

マ ラ
말하 ダ
トル
➡ 語幹
マ ラ
말하 ＋ ヨ ヨ
여요 ➡ マ レ ヨ
말해요.
言います。

例 **공부하다**
勉強する

해요に形が変わる

コン ブ ハ
공부하 ダ
トル
➡ 語幹
コン ブ ハ
공부하 ＋ ヨ ヨ
여요 ➡ コン ブ ヘ ヨ
공부해요?
勉強しますか？

★ヘヨ体は基本的にすべて、最後に「？」をつけて文末を上げて発音すると疑問形になります。このあとのエピソードで学ぶ文型も同様です。

動詞や形容詞などを活用する仕組みがわかったら、下記の単語を「〜です、〜ます」の形にしてみましょう。

① **멀다** → ....
遠い　　　　　遠いです

② **닫다** → ....
閉じる　　　　閉じます

③ **만들다** → ....
作る　　　　　作ります

④ **만나다** → ....
会う　　　　　会います

⑤ **배우다** → ....
習う　　　　　習います

⑥ **벗다** → ....
脱ぐ　　　　　脱ぎます

⑦ **보다** → ....
見る　　　　　見ます

⑧ **가지다** → ....
持つ　　　　　持ちます

⑨ **같다** → ....
同じだ　　　　同じです

⑩ **팔다** → ....
売る　　　　　売ります

⑪ **사다** → ....
買う　　　　　買います

⑫ **기다리다** → ....
待つ　　　　　待ちます

⑬ **전화하다** → ....
電話する　　　電話します

⑭ **여행하다** → ....
旅行する　　　旅行します

⑮ **타다** → ....
乗る　　　　　乗ります

⑯ **보내다** → ....
送る　　　　　送ります

EP
・
04
／
会社の帰り道にて

答え　❶ 멀어요 ❷ 닫아요 ❸ 만들어요 ❹ 만나요 ❺ 배워요 ❻ 벗어요 ❼ 봐요 ❽ 가져요
　　　❾ 같아요 ❿ 팔아요 ⓫ 사요 ⓬ 기다려요 ⓭ 전화해요 ⓮ 여행해요 ⓯ 타요 ⓰ 보내요

◇ "神がかった人生"がみんなの目標!?

出勤前や退勤後に勉強をしたり、ジムに通って体づくりをしたり…。自己啓発に励んで充実した生活を送ることを意味する갓생（God生）が流行語に。MZ世代（80〜00年代生まれ）の目標の一つになっています。

⊕ 体を鍛える「ジム」のことは**헬스장**（Health 場）、略して**헬스**といいます。　**47**

Episode 05

今日のランチはとんかつ

일식을 너무 좋아해요.
イル シ グル ノ ム チョ ア ヘ ヨ

日本食がすごく好きです。

◁) ep5

☐ ～を（助詞）　☐ ～が好きです（～を好みます）
☐ ～が嫌いです（～を嫌います）　☐ ～しましょう（ヘヨ体の勧誘文）

수아
スア

ソン ベ ニム　チョム シム　カ チ　モ ゴ ヨ
선배님, 점심 같이 먹어요.
先輩、お昼ごはん一緒に食べましょう。

선배
先輩

チョ ア ヨ　　ミ ニョク ッシ ド　カ チ　カ ヨ
좋아요. 민혁 씨도 같이 가요.
いいですね。ミニョクさんも一緒に行きましょう。

민혁
ミニョク

ネ　オ ヌ ルン　トン カ ス　オッ テ ヨ
네! 오늘은 돈가스 어때요?
はい！　今日はとんかつどうですか？

クン チョ エ　マッ チ ピ　イッ ソ ヨ
근처에 맛집이 있어요.
近くにおいしい店があります。

선배
先輩

コル　チョ　イル シ グル　ノ ム　チョ ア ヘ ヨ
콜! 저 일식을 너무 좋아해요.
いいね！　私、日本食がすごく好きです。

수아
スア

チョ ド　チョ ア ヘ ヨ
저도 좋아해요.
私も好きです。

선배 ソンベ：先輩

님 ニム：～様、～さん ＊役職や呼称につく敬称

점심 チョmシm：昼、昼食

같이 カチ：一緒に

좋다 チョタ：よい ＊ここでは、좋아요は「いいですね」という肯定の返事の意味を持つ

돈가스 トンカス：とんかつ ＊慣習的に가は濁らず発音されることが多く、**돈까스**とも表記される

어때요? オッテヨ？：どうですか？

맛집 マッチp：おいしい店

콜! コル：いいね！、OK！ ＊ポーカーの「call」が由来の俗語で、提案に応じるときに使う

일식 イルシ ク：日本食

너무 ノ ム：すごく、とても

좋아하다 チョ ア ハ ダ：好む

Point 〜を（助詞）

助詞「〜を」は**를/을**です。名詞の最後の文字にパッチムがない場合は**를**、パッチムがある場合は**을**となります。

パッチムなし の名詞 ＋ **를**ルル

例 **머리를 감아요.**
モ リルル カ マ ヨ
髪を洗います。

○ **머리** モ リ 頭、髪

○ **감다** カム タ （髪を）洗う

パッチムあり の名詞 ＋ **을**ウル

パッチムが連音化（P.24）する。

例 **손을 씻어요.**
ソ ヌル ッシ ソ ヨ
手を洗います。

○ **손** ソン 手

○ **씻다** ッシッ タ （手や体を）洗う

Point 〜が好きです（〜を好みます）

「〜が好きです」は、名詞＋**를/을 좋아해요**です。名詞の最後の文字にパッチ
ルル ウル チョ ア ヘ ヨ
ムがない場合は**를**、パッチムがある場合は**을**がつきます。**좋아해요**は**좋아하**
ルル ウル チョ ア ヘ ヨ チョ ア ハ

다(好む)を活用した形で、直訳は「好みます」という意味。そのため助詞は
를/을(〜を)を使いますが、日本語では「〜が好きです」と訳すのが自然です。

パッチムなし の名詞 ＋ **를 좋아해요.**

例 **떡볶이를 좋아해요.**
トッポッキが好きです。
○ **떡볶이** トッポッキ

パッチムあり の名詞 ＋ **을 좋아해요.**

例 **한식을 좋아해요.**
韓国料理が好きです。
○ **한식** 韓国料理

例 **수박 좋아해요.**
スイカ好きです。
○ **수박** スイカ

🔊 話し言葉ではしば
しば助詞를/을は
省略される。

Point 〜が嫌いです（〜を嫌います）

「〜が嫌いです」は、名詞＋**를/을 싫어해요**です。名詞の最後の文字にパッチ
ムがない場合は**를**、パッチムがある場合は**을**がつきます。**싫어해요**は**싫어하
다**(嫌う)を活用した形で、直訳は「嫌います」という意味です。

パッチムなし の名詞 ＋ **를 싫어해요.**

例 **고수를 싫어해요.**
パクチーが嫌いです。
○ **고수** パクチー

パッチムあり の名詞 ＋ **을 싫어해요.**

例 **버섯을 싫어해요.**
きのこが嫌いです。
○ **버섯** きのこ

Point 〜しましょう（ヘヨ体の勧誘文）

P.43〜46で学んだ語幹 + **아요**(ア ヨ)/**어요**(オ ヨ)や**해요**(ヘ ヨ)の文型は、「〜です、〜ます」のほかに「〜しましょう」という勧誘の意味や、「〜してください」という丁寧な命令の意味を持つことがあります。文脈やイントネーションで判断しましょう。

陽母音 の語幹 + **아요**(ア ヨ).

🖉 語幹の最後の文字にパッチムがない場合は、P.45の表のように母音が縮約する。
例 보+아요→ㅗとㅏが合体→**봐요**

例 **같이**(カ チ) **봐요**(ボァ ヨ).
一緒に見ましょう。
○ **보다**(ボ ダ) 見る

例 **빨리**(ッパル リ) **일어나요**(イ ロ ナ ヨ).
早く起きてください。
○ **빨리**(ッパル リ) 早く
○ **일어나다**(イ ロ ナ ダ) 起きる

陰母音 の語幹 + **어요**(オ ヨ).

例 **같이**(カ チ) **먹어요**(モ ゴ ヨ).
一緒に食べましょう。
○ **먹다**(モク タ) 食べる

하다用言 の하다 ➡ **해요**(ヘ ヨ).

例 **같이**(カ チ) **공부해요**(コン ブ ヘ ヨ).
一緒に勉強しましょう。
○ **공부하다**(コン ブ ハ ダ) 勉強する

🏷 **韓国では2種類ある「とんかつ」**

韓国で「とんかつ」というと、昔は薄く大きなかつにたっぷりのデミグラスソースがかかったものが主流でした。こうした昔ながらのとんかつは**경양식**(キョンヤンシク) **돈가스**(トン カ ス)（軽洋食とんかつ）と呼ばれています。

練習問題 ❶

解答はP.172

Episode1〜5で学んだ内容を練習問題でおさらい！

日本語文の意味と合うように、下線部分に韓国語を書きましょう。

❶ 学生です。（ハムニダ体で）　　〜です（ハムニダ体）：입니다

학생_____.

❷ 会社員ですか？（ハムニダ体で）　　〜ですか？（ハムニダ体）：입니까?

회사원_____

❸ 趣味はヨガです。　　〜は：는/은

취미___ 요가입니다.

❹ 名前はアカリです。　　〜は：는/은

이름___ 아카리입니다.

❺ 今日、誕生日ですか？（ヘヨ体で）　　〜ですか？（ヘヨ体）：예요?/이에요?

오늘 생일_____

❻ 姉は弁護士です。（ヘヨ体で）　　〜です（ヘヨ体）：예요/이에요

언니는 변호사_____.

❼ 友達がYouTuberです。　　〜が：가/이

친구___ 유튜버예요.

❽ 正解は何ですか？

정답이 ___예요?

❾ 今日ではありません。　　〜ではありません：가/이 아니에요

오늘___ _____.

❿ トイレはどこですか？

화장실이 _____예요?

⓫ 横にコンビニがあります。

옆에 편의점이 ＿＿＿＿＿＿.

⓬ お金がありません。

돈이 ＿＿＿＿＿＿.

⓭ このドラマ、知っています。

知る：알다　〜です、ます：아요/어요/해요

＿＿＿ 드라마 ＿＿＿＿＿＿.

⓮ 髪が長いです。　　長い：길다　〜です、ます：아요/어요/해요

머리가 ＿＿＿＿＿＿.

⓯ これ、おいしいですか？　　おいしい：맛있다　〜です、ます：아요/어요/해요

＿＿＿＿＿＿ ＿＿＿＿＿＿＿＿＿

⓰ 映画を見ます。　　〜を：를/을　見る：보다　〜です、ます：아요/어요/해요

영화＿＿＿ ＿＿＿＿＿＿.

⓱ 朝に勉強します。　　勉強する：공부하다　〜です、ます：아요/어요/해요

아침에 ＿＿＿＿＿＿＿.

⓲ K-POPが好きです。　　〜が好きです：를/을 좋아해요

케이팝＿＿＿ ＿＿＿＿＿＿＿.

⓳ チョコミントが嫌いです。　　〜が嫌いです：를/을 싫어해요

민트 초코＿＿＿ ＿＿＿＿＿＿＿.

⓴ 一緒にごはんを食べましょう。

食べる：먹다　〜しましょう（ヘヨ体の勧誘文）：아요/어요/해요

같이 밥을 ＿＿＿＿＿＿.

新曲のMVを見ながら

オ ヌル コム ベ ケッ ソ ヨ
오늘 컴백했어요.
今日カムバックしました。

□～は誰ですか？　□～でした（指定詞）　□～ではありませんでした（指定詞）　□～ました、～でした（動詞・形容詞・存在詞）

선배
先輩

オ イ ゲ ヌ グ エ ヨ
어, 이게 누구예요?
お、これは誰ですか？

예린
イェリン

ドゥ リム レン ドゥ エ ヨ　オ ヌル コム ベ ケッ ソ ヨ
드림랜드예요. 오늘 컴백했어요.
ドリームランドです。今日カムバックしました。

イ ボン エル ボム ワンジョン テ バ ギ エ ヨ
이번 앨범 완전 대박이에요!
今回のアルバムすごく最高です！

선배
先輩

ノ レ チョンネ ヨ
노래 좋네요.
曲いいですね。

예린
イェリン

ク ジョ チュム ド ノ レ ド
그죠? 춤도 노래도
ですよね？　ダンスも歌も

レプ ト タ チャ レ ヨ
랩도 다 잘해요.
ラップも全部上手いです。

누구〈ヌ グ〉：誰

컴백하다〈コム ベ カ ダ〉：カムバックする
＊K-POP用語で、新曲をリリースすること

이번〈イ ボン〉：今度、今回

앨범〈エル ボム〉：アルバム

완전〈ワン ジョン〉：完全に ＊俗語的な使い方で「すごく、めっちゃ」という意味になる

대박〈テ バク〉：大当たり ＊俗語的な使い方で「やばい、最高」という意味になる

노래〈ノ レ〉：歌、曲

좋네요〈チョン ネ ヨ〉：いいですね

그죠?〈ク ジョ〉：そうでしょう？ ＊그쵸?も同じ意味

춤〈チュム〉：踊り、ダンス

랩〈レプ〉：ラップ

다〈タ〉：すべて、全部

잘하다〈チャ ラ ダ〉：上手い ＊直訳は「上手くやる」で、韓国語では動詞

Point ～は誰ですか？

「～は誰ですか？」は、名詞＋**가/이 누구예요?**〈ガ/イ ヌ グ エ ヨ〉です。名詞の最後の文字にパッチムがない場合は**가 누구예요?**〈ガ ヌ グ エ ヨ〉、パッチムがある場合は**이 누구예요?**〈イ ヌ グ エ ヨ〉をつけます。**누구예요?**〈ヌ グ エ ヨ〉だけなら「誰ですか？」という意味。**누구**〈ヌ グ〉は疑問詞「誰」で、それに**예요?**〈エ ヨ〉（～ですか？）がついた形です。

パッチムなし の名詞 ＋ **가 누구예요?**〈ガ ヌ グ エ ヨ〉

例 **담당자가 누구예요?**〈タム ダン ジャ ガ ヌ グ エ ヨ〉
担当者は誰ですか？

담당자〈タム ダン ジャ〉 担当者

例 **룸메가 누구예요?**〈ルム メ ガ ヌ グ エ ヨ〉
ルームメイトは誰ですか？

룸메〈ルム メ〉 ルームメイト
＊룸메이트［ルムメイトゥ］の略

パッチムあり の名詞 ＋ **이 누구예요?**〈イ ヌ グ エ ヨ〉

例 **저 사람이 누구예요?**〈チョ サ ラ ミ ヌ グ エ ヨ〉
あの人は誰ですか？

사람〈サ ラム〉 人

名詞につくとき、예요は［에요(エ ヨ)］と発音される。

55

Point ～でした（指定詞）

指定詞の過去形「～でした」は、名詞 + **였어요/이었어요**です。名詞の最後の文字にパッチムがない場合は**였어요**、パッチムがある場合は**이었어요**をつけます。

パッチムなし の名詞 + **였어요.**

例 **휴가였어요.**
休みでした。
휴가 休み

였어요/이었어요は指定詞이다
（～である）を活用させた形。

パッチムあり の名詞 + **이었어요.**

例 **학생이었어요.**
学生でした。
학생 学生

例 **팬이었어요?**
ファンでしたか？
팬 ファン

Point ～ではありませんでした（指定詞）

「～ではありませんでした」は、名詞 + **가/이 아니었어요**です。名詞の最後の文字にパッチムがない場合は**가 아니었어요**、パッチムがある場合は**이 아니었어요**をつけます。

パッチムなし の名詞 + **가 아니었어요.**

例 **멤버가 아니었어요.**
メンバーではありませんでした。
멤버 メンバー

아니었어요は
指定詞아니다
（～でない）を
活用させた形。

パッチムあり の名詞 + **이 아니었어요.**

例 **신곡이 아니었어요.**
新曲ではありませんでした。
신곡 新曲

56

動詞・形容詞・存在詞の過去形「〜ました、〜でした」は、語幹 + **앗어요/었어요** _{アッソヨ オッソヨ}

です。この文型は語幹の最後の文字の母音に注目。語幹の最後の文字の母音が陽母音（ㅏ、ㅑ、ㅗ）の場合は**앗어요**、陰母音（ㅏ、ㅑ、ㅗ以外）の場合は**었어요**をつけます。また、**하다**_{ハダ}がつく動詞・形容詞（**하다**_{ハダ}用言）の過去形は、**하다**_{ハダ}を活用して**했어요**_{ヘッソヨ}となります。

陽母音 の語幹 **＋** **앗어요.** _{アッソヨ}

例 **받았어요.** _{パダッソヨ}
もらいました。

◯ **받다** _{パッタ} 受ける、もらう

例 **봤어요.** _{ポァッソヨ}
見ました。

◯ **보다** _{ポダ} 見る

 P.45の平叙文と同様に、語幹の最後の文字にパッチムがない場合は母音が縮約する。
例 보+았어요→ㅗとㅏが合体→봤어요

陰母音 の語幹 **＋** **었어요.** _{オッソヨ}

例 **입었어요.** _{イボッソヨ}
着ました。

◯ **입다** _{イプタ} 着る

例 **있었어요.** _{イッソッソヨ}
ありました。

◯ **있다** _{イッタ} ある、いる

하다用言 の하다 **➡** **했어요.** _{ヘッソヨ}

例 **계산했어요.** _{ケサネッソヨ}
会計しました。

◯ **계산하다** _{ケサナダ} 計算する、会計する

例 **결혼했어요.** _{キョロネッソヨ}
結婚しました。

◯ **결혼하다** _{キョロナダ} 結婚する

⊕ 韓国語で「MV」は**뮤직비디오**を略して**뮤비**といいます。

開講パーティーか、サイン会か

저는 안 가요.
チョ ヌン アン ガ ヨ

私は行きません。

🔊 ep7

☐ なぜ
☐ 〜ません、〜ではありません ☐ 何（数を尋ねる）

선배
先輩

개강 파티 가요?
ケ ガン パ ティ カ ヨ

開講パーティー行きますか？

예린
イェリン

저는 안 가요.
チョ ヌン アン ガ ヨ

私は行きません。

선배
先輩

왜요? 약속이 있어요?
ウェ ヨ ヤク ソ ギ イッ ソ ヨ

なぜですか？ 約束がありますか？

예린
イェリン

그 날은 팬사인회가 있어요.
ク ナ ルン ペン サ イ ネ ガ イッ ソ ヨ

その日はサイン会があります。

선배
先輩

아하. 앨범 몇 장 샀어요?
ア ハ エル ボム ミョッ チャン サッ ソ ヨ

ああ。アルバム何枚買いましたか？

예린
イェリン

흐흐 비밀이에요.
フ フ ビ ミ リ エ ヨ

ふふ、秘密です。

ケ ガン パ ティ
개강 파티：開講パーティー ＊大学の新
学期が始まる際に開かれる学生たちの親睦会

ウェ
왜：なぜ

ヤク ソク
약속：約束

ナル
날：日

ペン サ イ ネ
팬사인회：サイン会 ＊直訳は「ファンサイ
ン会」。**팬싸인회**とも表し、略して**팬싸**とも言う

ア ハ
아하：ああ、そうか
＊理解できたときに使う感嘆詞

ミョッ
몇：何

チャン
장：〜枚

サ ダ
사다：買う

フ フ
흐흐：ふふ

ピ ミル
비밀：秘密

Point なぜ

疑問詞「なぜ」は**왜**です。そのまま**왜?**で「なぜ？」、丁寧さを表す**요**をつけて
왜요?で「なぜですか？」という意味になります。また、**왜**のあとに言葉を続
けて、理由を尋ねることもできます。

ウェ
왜

ウェ ウ ソ ヨ
例 **왜 웃어요?**
なんで笑うんですか？
ウッ タ
웃다 笑う

ウェ ウ ロ ヨ
例 **왜 울어요?**
なんで泣いているんですか？
ウル ダ
울다 泣く

ウェ カッ ソ ヨ
例 **왜 갔어요?**
なぜ行ったのですか？
カ ダ
가다 行く

ウェ グ レ ヨ
例 **왜 그래요?**
どうしたんですか？（なぜそうですか？）
ク レ ヨ
그래요 そうです

ウェ ア ヌァ ヨ
例 **왜 안 와요?**
なぜ来ないんですか？
＊안（〜ません）の解説はP.60
オ ダ
오다 来る

💬 **안 와요**は連音化（P.24）して[**아놔요**（アヌァヨ）]と発音する。

Point ～ません、～ではありません

動詞・形容詞のヘヨ体の前に**안**を置くと、「～ません、～ではありません」という否定形になります。

> **안** ＋ 動詞・形容詞のヘヨ体

例 **안 사요.**
買いません。
○ **사다** 買う

例 **안 괜찮아요.**
大丈夫ではありません。

例 **안 좁아요?**
狭くありませんか？
○ **좁다** 狭い

○ **괜찮다** 大丈夫だ

ただし、**하다**用言（**하다**がつく動詞・形容詞）のうち、**하다**とその前の名詞を切り離せる動詞の場合は、**하다**と名詞の間に**안**を入れて、**하다**を**해요**の形にします。

> 名詞部分 ＋ **안** ＋ **해요.**

例 **청소하다**
掃除する

> 🖉 名詞と**하다**が切り離せるかは、「する」の前に「を」を入れられるかどうかで判別するとわかりやすい。
> 例 **청소하다**（掃除する）→**청소를 하다**（掃除をする）

名詞部分
청소 **하다**
掃除 する

➡

名詞部分
청소 **하다**
掃除 する

名詞と하다に分けてその間に안を入れ、하다を해요にする

안加える

➡ **청소 안 해요.**
掃除しません。

○**청소 안 해요.**
×**안 청소해요.**

Point 何（数を尋ねる）

「いくつ」を意味する、数を尋ねる疑問詞「何」は **몇** です。**시**（～時）や **명**（～名）など、物を数える単位である助数詞とセットで使われます。

몇 ＋ 助数詞

（例）**몇 시예요?**
何時ですか？

○ 시 時

（例）**몇 명 왔어요?**
何名来ましたか？

○ 명 名　○ 오다 来る

💬 **몇 명** は鼻音化（P.26）して［**면 명**（ミョンミョン）］と発音する。**몇** のパッチムの発音は［ㄷ］で、後ろに **명** の ㅁ が来ると発音は［ㄷ→ㄴ］と変化するため。

（例）**몇 살이에요?**
何歳ですか？

○ 살 歳

（例）**몇 개 샀어요?**
何個買いましたか？

○ 개 個　○ 사다 買う

（例）**몇 마리 키워요?**
何匹飼っていますか？

○ 마리 匹、頭　○ 키우다 育てる、飼う

🏷 **大学生にはおなじみの「MT」って？**
韓国の大学の親睦会で代表的なのが「MT」。Membership Training の略で、学科や学年単位で郊外に出掛け1泊2日の合宿をします。そこで夜通しお酒を飲んだりゲームをしたりして親睦を深めるのです。

⊕ 韓国の大学の新学期が始まるのは3月と9月。開講パーティーもその時期に行われます。　**61**

Episode 08

ep 8

先輩を路上ライブに誘う

3월 20일이에요.

サムォル イシビリエヨ

3月20日です。

- いつ
- 漢数詞
- ～けど、～ですが

예린 イェリン

ソンベ ドゥリムレンドゥガ ポスキン ヘヨ

선배! 드림랜드가 버스킹 해요.

先輩！　ドリームランドが路上ライブします。

カチ カヨ

같이 가요.

一緒に行きましょう。

선배 先輩

オンジェ ヘヨ

언제 해요?

いつやりますか？

예린 イェリン

サムォル イシビリエヨ シガニ トェヨ

3월 20일이에요. 시간이 돼요?

3月20日です。時間大丈夫ですか？

선배 先輩

チョニョゲ ヤクソギ イッチマン

저녁에 약속이 있지만

夜に約束があるけど

ク ジョネヌン クェンチャナヨ

그 전에는 괜찮아요.

その前は大丈夫です。

예린 イェリン

タヘンイエヨ

다행이에요.

よかったです。

버스킹 _{ボ ス キン}：バスキング、路上ライブ

언제 _{オンジェ}：いつ

월 _{ウォル}：〜月

일 _{イル}：〜日

시간 _{シ ガン}：時間

되다 _{トェ ダ}：なる

＊시간이 되다で「都合がつく」という意味

전 _{チョン}：前　＊「(時間的な意味で)〜の前は」は전に
는。必ず助詞에(〜に)が入る

괜찮다 _{クェンチャン タ}：大丈夫だ

다행 _{タ ヘン}：幸い　＊漢字だと「多幸」。다행이에요で
「よかったです」という意味

Point　いつ

疑問詞「いつ」は언제 _{オンジェ}です。「いつですか？」と尋ねる場合は、예요? _{エ ヨ}(〜ですか？)
をつけて언제예요? _{オンジェ エ ヨ}と表します。また、언제 _{オンジェ}のあとに言葉を続けて、日時や時
期を尋ねることもできます。

언제 _{オンジェ}

例 마감이 언제예요? _{マ ガ ミ オンジェ エ ヨ}
締切はいつですか？
　　마감 _{マ ガム} 締切

疑問詞を使った文なので、助詞は는/은(〜は)ではなく가/이(〜が)を使う。

例 언제 나와요? _{オンジェ ナ ワ ヨ}
いつ出ますか？
　　나오다 _{ナ オ ダ} 出る

例 언제 발매돼요? _{オンジェ パル メ ドェ ヨ}
いつ発売されますか？
　　발매되다 _{パル メ ドェ ダ} 発売される

Check ≫ 日にちに関する単語

おととい	昨日	今日	明日	あさって
그저께 _{ク ジョッケ}	어제 _{オ ジェ}	오늘 _{オ ヌル}	내일 _{ネ イル}	모레 _{モ レ}

Point 漢数詞

韓国語の数詞には漢字由来の漢数詞と、日本語の「ひとつ、ふたつ…」にあたる固有数詞があります。まずは日付などに使う漢数詞を見ていきましょう。

💬 0を**공**と読むのは電話番号のとき。

0	1	2	3	4	5
ヨン コン	イル	イ	サム	サ	オ
영/공	**일**	**이**	**삼**	**사**	**오**

6	7	8	9	10
ユク	チル	パル	ク	シプ
육	**칠**	**팔**	**구**	**십**

✏️ 11以上を表すときは日本語と同様に数字を組み合わせる。
例 **이십육**[イシムニュク](26)
＊**이십**と**육**の間に ㄴ [n] の挿入 (P.27) と鼻音化 (P.26) が起こり、[이심뉵] と発音される

百	千	万	億	兆
ペク	チョン	マン	オク	チョ
백	**천**	**만**	**억**	**조**

【日付を表す】

何月何日と表すときは漢数詞を使います。「月」は**월**、「日」は**일**です。「6月」と「10月」だけは数字のパッチムが落ち、それぞれ**유월**、**시월**となるので注意しましょう。

例 イル ウォル サ イル
일월 사 일
1月4日

例 ユ ウォル シ ボ イル
유월 십오 일
6月15日

例 シ ウォル イ シプ パ リル
시월 이십팔 일
10月28日

【金額を表す】

金額を表すときも漢数詞を使います。韓国の通貨単位は**원**（ウォン）、日本円は**엔**です。「1万」や「1千」と言いたい場合、「1」を付けずにそれぞれ**만**、**천**と表す点に気をつけましょう。「億」や「兆」は1をつけて**일억**、**일조**と表します。

例 マン サム チョ スォン
만 삼천 원
1万3000ウォン

例 イ マン ク チョ スォン
이만 구천 원
2万9000ウォン

例 イ ロク ゲン
일억 엔
1億円

64

〜分	〜秒	〜階	〜年生	〜回	〜人前
プン	チョ	チュン	ハンニョン	フェ	インブン
분	**초**	**층**	**학년**	**회**	**인분**

例 イル ブン サ シプ チョ
일 분 사십 초
1分40秒

例 イ ハンニョン
이 학년
2年生

例 サ ミンブン
삼 인분
3人前

Point 〜けど、〜ですが

逆説の「〜けど、〜ですが」は、語幹 + **지만**(チ マン)です。この文型はすべての語幹が共通です。

すべて の語幹 + **지만**(チ マン)

例 イェップ ジ マン ビッサ ヨ
예쁘지만 비싸요.
かわいいけど高いです。

○ イェップ ダ **예쁘다** かわいい、きれいだ ○ ビッサ ダ **비싸다** 高い

例 メプ チ マン クェンチャ ナ ヨ
맵지만 괜찮아요.
辛いけど大丈夫です。

○ メプ ダ **맵다** 辛い ○ クェンチャン タ **괜찮다** 大丈夫だ

例 ッサ ジ マン マ シッ ソ ヨ
싸지만 맛있어요.
安いけどおいしいです。

○ ッサ ダ **싸다** 安い ○ マ シッ タ **맛있다** おいしい

◇ 「ボスキン」を見に行こう

日本でいう「路上ライブ」を指す버스킹(ボ ス キン)は、「大道芸」という意味のbuskingが由来。韓国では弾き語りだけでなくダンスグループも路上ライブをすることが多く、間近でパフォーマンスを見ることができます。

⊕ **진짜**(本物、本当)と同じ意味で**찐**という俗語も。**찐팬**(ガチのファン)などと使われます。　**65**

EP
・
08
／
先輩を路上ライブに誘う

先輩への布教成功！

ヨルリルゴァ サ リ エ ョ
17살이에요.
17歳です。

🔊 ep 9

☐「ハマる」を表現するフレーズ
☐ 固有数詞 ☐ 으変則用言

선배
先輩

ウワ ノ ム モ シッ ソ ョ
우와, 너무 멋있어요!
うわあ、すごくかっこいいです！

예린
イェリン

ヌ ガ チェイル マ ウ メ トゥロ ョ
누가 제일 마음에 들어요?
誰が一番気に入りましたか？

ソン ベ ビ ギ クン グ メ ョ
선배 픽이 궁금해요.
先輩のPICKが気になります。

선배
先輩

オ クム バル モ リ チ ン グ モ ッ ソ リ ガ イェッ ポ ョ
어~, 금발 머리 친구? 목소리가 예뻐요.
ん〜、金髪の子？ 声がきれいです。

예린
イェリン

ク チ ン グ マン ネ エ ョ ヨルリルゴァ サ リ エ ョ
그 친구 막내예요. 17 살이에요.
その子は末っ子です。17歳です。

선배
先輩

ホル ノ ム オ リョ ョ
헐. 너무 어려요….
わお。すごく若いです…。

우와：うわあ
＊驚いたときや感動したときの感嘆詞

멋있다：かっこいい

누가：誰が ＊누구(誰)に助詞가(〜が)がつくと、누구가ではなく누가となる

제일：一番

마음에 들다：気に入る ＊直訳は「心に入る」。마음에 들어요で「気に入っています、気に入りました」という意味

픽：PICK ＊選んだ人や物のこと

궁금하다：気になる

금발 머리：金髪

친구：友達 ＊同い年や年下の人を指すときに「子」という意味でも使う

목소리：声

예쁘다：かわいい、きれいだ

막내：末っ子
＊その集団の中で一番年下の人を指す

살：〜歳

헐：わお ＊驚いたときの感嘆詞

어리다：若い、幼い

Check ≫「ハマる」を表現するフレーズ

何かに夢中になったことを表すフレーズを見ていきましょう。

～에 빠졌어요.

～にハマりました。

빠지다(落ちる、溺れる)という単語を使った表現。

～에 꽂혔어요.

～にハマりました。

꽂히다(刺さる)という単語を使った表現。直訳は「～に刺さりました」。

한눈에 반했어요.

一目ぼれしました。

直訳は「一目に惚れました」。한눈에を첫눈에に替えても同じ意味。

입덕했어요.

沼落ちしました。

直訳は「入オタクしました」。덕は日本語の「オタク」を表す오덕후が変化したもの。

내 스타일이에요.

私の好みです。

直訳は「私のスタイルです」。스타일을 취향(趣向)に替えても同じ意味。

내 최애예요.

私の最推しです。

최애(漢字だと「最愛」)は「一番のお気に入り」。いわゆる「推し」の意味で使われる。「2推し」(2番目に推しているメンバー)は차애(次愛)。

Point 固有数詞

日本語の「ひとつ、ふたつ…」にあたる固有数詞をチェックしましょう。1から99まであり、主に年齢や個数、時間などに使われます。

1つ	2つ	3つ	4つ	5つ
ハナ 하나 ハン (한)	トゥル 둘 トゥ (두)	セッ 셋 セ (세)	ネッ 넷 ネ (네)	タソッ 다섯
6つ	7つ	8つ	9つ	10
ヨソッ 여섯	イルゴア 일곱	ヨドル 여덟	アホプ 아홉	ヨル 열

> 数字につく単位を助数詞と言う。1~4と20は助数詞がつくと（ ）内の形に変化する。
> 例 **두 개**（2個）

> 11以上を表すときは日本語と同様に数字を組み合わせる。
> 例 **서른셋**（33）

20	30	40	50
スムル 스물 スム (스무)	ソルン 서른	マフン 마흔	シュイン 쉰
60	70	80	90
イェスン 예순	イルン 일흔	ヨドゥン 여든	アフン 아흔

> 100以上は漢数詞（P.64）を使う。
> 例 **백다섯 개**（105個）

【年齢を表す】

「○歳です」と年齢を答えるときは固有数詞を使います。「歳」は**살**です。

例 スムルハン サル
스물한 살
21歳

例 ヨルリョドル サル
열여덟 살
18歳

> 열여덟は열と여の間でㄴ[n]の挿入（P.27）と流音化（P.27）が起こりㄴがㄹに変化するので、発音は열려덜[ヨルリョドル]となる。

【時を表す】

「~時」も固有数詞を使います。ただし、「分」や「秒」は漢数詞（P.64）です。

例 オジョン イルゴア シ
오전 일곱 시
午前7時

オジョン
오전 午前

例 オフ ヨランシ サムシプ ブン
오후 열한 시 삼십 분
午後11時30分

> 「30分」は日本語と同様に**반**（半）とも表せる。例 **열한 시 반**（11時半）

オフ
오후 午後

Check ≫ 固有数詞がつく助数詞

～個	～名	～杯	～枚	～本	～時間
ケ	ミョン	チャン	チャン	ビョン	シ ガン
개	명	잔	장	병	시간

例 **한 개**
ハン ゲ
1個

例 **두 명**
トゥ ミョン
2名

例 **세 잔**
セ ジャン
3杯

例 **네 장**
ネ ジャン
4枚

Point 으変則用言

語幹が母音ー(ウ)で終わる動詞・形容詞を으変則用言といいます。으変則用言は、아/어で始まる語尾につくときにーが脱落し、残った子音と語尾の母音아/어が結びつきます。語幹が1文字の場合は어(オ)、2文字以上の場合はーの前の母音が陽母音（ㅏ、ㅑ、ㅗ）なら아(ア)、陰母音（ㅏ、ㅑ、ㅗ以外）なら어(オ)で始まる語尾がつきます。ヘヨ体にするときは아요/어요(アヨ/オヨ)をつけます。

＊語幹が르(ル)で終わる一部の動詞・形容詞を除く

으変則用言 の語幹 ＋ **아요/어요**(アヨ/オヨ) ➡ **ー 脱落**(ウ)

● 語幹が 1 文字の場合

語幹が1文字なので어요をつける

例 **크다**（クダ）大きい → **크**（ク）**다**（ダ トル） → **크**（ク）語幹 母音の으が脱落 → **ㅋ ＋ 어요**（オヨ）➡ **커요.**（コヨ）大きいです。残った子音ㅋと語尾の母音어が結びつく

● 語幹が 2 文字以上の場合

으の前の母音がㅏなので아요をつける

例 **바쁘다**（バップダ）忙しい → **바쁘**（バップ）**다**（ダ トル） → **바쁘**（バップ）語幹 母音の으が脱落 → **바쁘 ＋ 아요**（アヨ）➡ **바빠요.**（バッパヨ）忙しいです。残った子音ㅃと語尾の母音아が結びつく

으の前の母音がㅔなので어요をつける

例 **예쁘다**（イェップダ）かわいい → **예쁘**（イェップ）**다**（ダ トル） → **예쁘**（イェップ）語幹 母音の으が脱落 → **예쁘 ＋ 어요**（オヨ）➡ **예뻐요.**（イェッポヨ）かわいいです。残った子音ㅃと語尾の母音어が結びつく

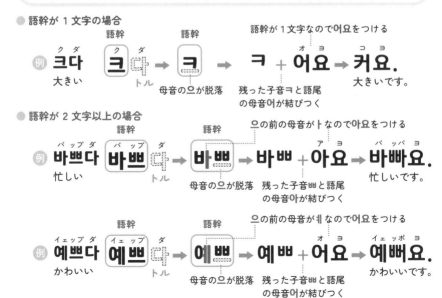

⊕ 픽（PICK）は、とあるオーディション番組の원픽（1PICK、一番の推し）という言葉から広まりました。 **69**

Episode 10

SNSでのやりとり

イッタ ガ ヨン サン オル リル ケ ヨ
이따가 영상 올릴게요!
あとで動画アップします!

- ☑ ネット上で使える略語　☐ 〜しますね、〜しますよ
- ☐ ㅂ変則用言　☐ 〜してください

SNS 친구
SNS友達

イェ リン ニム　オ ヌル　ボ ス キン　カッ ソ ヨ
예린님, 오늘 버스킹 갔어요?
イェリンさん、今日の路上ライブ行きましたか?

예린
イェリン

ネ　ウ リ　オッパドゥル　ム デ　ッチジョッ ソ ヨ
네. 우리 오빠들 무대 찢었어요 ㅋㅋ
はい。私たちのオッパたちのステージすごかったです（笑）

SNS 친구
SNS友達

ウ ワン　ブ ロ ウォ ヨ
우왕 부러워요 ㅜㅜ
うわぁ、うらやましいです（泣）

예린
イェリン

イッタ ガ　ヨン サン　オル リル ケ ヨ
이따가 영상 올릴게요!
あとで動画アップします!

チョ グム マン　キ ダ リョ ジュ セ ヨ
조금만 기다려 주세요 ㅎㅎ
少し待ってください

SNS 친구
SNS友達

ッキャク　イェ リン ニム　サ ラン ヘ ヨ
꺅 예린님 사랑해요♡
キャッ、イェリンさん大好きです（愛してます）♡

70

Vocabulary

우리（ウ リ）：私たち

오빠（オッパ）：オッパ、お兄さん　＊女性が年上の男性を呼ぶときに親しみを込めて使う

들（ドゥル）：〜たち

무대（ム デ）：舞台、ステージ

찢다（ッチッタ）：破く　＊過去形の찢었다で俗語的に「すごかった」という意味になる

우왕（ウ ワン）：うわぁ　＊驚いたときや感動したときの感嘆詞。우와よりかわいらしい印象

부럽다（プ ロプ タ）：うらやましい

이따가（イッタ ガ）：あとで　＊이따とも言う

영상（ヨン サン）：動画、映像

올리다（オル リ ダ）：上げる

조금만（チョグム マン）：少しだけ

기다리다（キ ダ リ ダ）：待つ

꺅（ッキャク）：キャッ　＊驚いたときの感嘆詞

사랑하다（サ ラン ハ ダ）：愛する

Check >>> # ネット上で使える略語

SNSなどでよく使われる略語や言葉をチェックしましょう。

ㅋㅋ / ㅎㅎ	ㄴㄴ
（笑）	ノーノー
どちらも笑いを表現しているが、**ㅎㅎ**は微笑んでいるような印象。	**노노**（ノ ノ）(No No) の略で、**ㅇㅇ**とは反対に同意していないことを表す。
ㅜㅜ / ㅠㅠ	ㅇㅋ
（泣）	オーケー
どちらも泣いている様子を表す。悲しいときや感動しているときに。	**오케이**（オ ケ イ）の略で、「OK」という意味。
ㄷㄷ / ㅎㄷㄷ	ㅊㅋ
ぶるぶる	おめでとう
덜덜（トゥ ドゥル）、**후덜덜**（フ ドゥル ドゥル）の略で、驚きや怖さで震えている様子を表す。	**축하**（チュ カ）の略で、「おめでとう」という意味。
ㅇㅇ	ㅅㄱ
うんうん	おつかれ
응응（ウン ウン）の略で、うなずきや同意を表す。	**수고**（ス ゴ）の略で、「おつかれ」という意味。

EP . 10 / SNSでのやりとり

71

Point 〜しますね、〜しますよ

意志・約束を表す「〜しますね、〜しますよ」は、語幹＋ㄹ게요/을게요です。
この文型は語幹の最後の文字のパッチムに注目。語幹の最後の文字にパッチムがない場合はㄹ게요、パッチムがある場合は을게요、パッチムがㄹの場合はㄹパッチムを取ってからㄹ게요をつけます。

パッチムなし の語幹 ＋ **ㄹ게요.**

例 **살게요.**
買いますね。
○ 사다 買う

> ㄹ게요/을게요の게は濁らず[께（ッケ）]と発音する。

パッチムあり の語幹 ＋ **을게요.**

例 **찍을게요.**
撮りますね。
○ 찍다 撮る

例 **먹을게요.**
食べますね。
○ 먹다 食べる

ㄹパッチム の語幹 ➡ ㄹパッチムを取る ＋ **ㄹ게요.**

例 **팔게요.**
売りますね。
○ 팔다 売る

例 **열게요.**
開けますね。
○ 열다 開ける

Point ㅂ変則用言

語幹がパッチムㅂで終わる動詞・形容詞のうち、変則的な活用をするものをㅂ変則用言といいます。ㅂ変則用言は으で始まる語尾につくときはパッチムㅂと으が合体して우に変化します。아/어で始まる語尾につくときにはパッチムㅂと아/어が合体して워となります。

＊ただし돕다（助ける）、곱다（きれいだ）の2つだけは例外的に워ではなく와となる
＊입다（着る）、좁다（狭い）などはㅂ変則用言ではなく規則的に活用する

ㅂ変則用言 の語幹 ＋ **을게요** ➡ ㅂ＋으が우に変化 ➡ **울게요**

例 **눕다**
ヌプ タ
横になる

語幹
눕 다
ヌプ タ
トル

語幹
語幹にパッチムがあるので을게요がつく
눕 + **을게요** → **누울게요.**
ウル ケ ヨ　　　　ヌ ウル ケ ヨ
横になりますね。

ㅂ＋으が우に変化

ㅂ変則用言 の語幹 + **아요/어요** → ㅂ＋**아/어**が워に変化 → **워요**
ア ヨ　オ ヨ　　　　　　　ビウプ　ア　オ　ウォ　　　　　　ウォ ヨ

例 **맵다**
メプ タ
辛い

語幹
맵 다
メプ タ
トル

語幹
語幹の最後の母音が애なので어요がつく
맵 + **어요** → **매워요.**
オ ヨ　　　　メ ウォ ヨ

ㅂ＋어が워に変化　辛いです。

Point 〜してください

「ください」は**주세요**、「〜してください」と依頼する表現は、**語幹 + 아/어 주**
チュ セ ヨ　　　　　　　　　　　　　　　　　　　　　　　ア　オ　ジュ
세요です。この文型は語幹の最後の文字の母音に注目。語幹の最後の文字の
セ ヨ
母音が陽母音（ㅏ、ㅑ、ㅗ）の場合は**아 주세요**、陰母音（ㅓ、ㅕ、ㅗ以外）の
場合は**어 주세요**をつけます。語幹の最後の文字にパッチムがない場合は母音
オ ジュ セ ヨ
が縮約し、**하다**用言の場合は**하다**を**해 주세요**の形にします。
ハ ダ　　　　　　　　　　　　ハ ダ　ヘ ジュ セ ヨ

陽母音 の語幹 + **아 주세요.**
ア ジュ セ ヨ

例 **잡아 주세요.**
チャ バ ジュ セ ヨ
つかんでください。

잡다 つかむ、握る
チャプ タ

陰母音 の語幹 + **어 주세요.**
オ ジュ セ ヨ

例 **가르쳐 주세요.**
カ ル チョ ジュ セ ヨ
教えてください。

가르치다 教える
カ ル チ ダ

✏ 語幹**가르치**の**치**と**어**が合体して**가르쳐**となる。

하다用言 の하다 → **해 주세요.**
ヘ ジュ セ ヨ

例 **포장해 주세요.**
ポ ジャン ヘ ジュ セ ヨ
包んでください。

포장하다 包む
ポ ジャン ハ ダ

💬 飲食店で言うと「持ち帰ります」という意味になる。

練習問題 ❷

解答はP.172

Episode6〜10で学んだ内容を練習問題でおさらい!

日本語文の意味と合うように、下線部分に韓国語を書きましょう。

❶ ロールモデルは誰ですか?

롤 모델이 ＿＿＿＿예요?

❷ なぜここにいますか?

＿＿＿ 여기에 있어요?

❸ 今、何時ですか?

지금 ＿＿＿ 시예요?

❹ ファンミーティングはいつですか?

팬미팅이 ＿＿＿＿예요?

❺ 1万5000ウォン

＿＿＿ ＿＿＿＿ 원

❻ 29歳

＿＿＿＿＿ 살

❼ 午後3時20分

오후 ＿＿＿ 시 ＿＿＿＿ 분

❽ 遠いけど大丈夫です。　　遠い：멀다　〜けど：지만

＿＿＿＿＿ 괜찮아요.

❾ 明日行きますね。　　行く：가다　〜しますね：ㄹ게요/을게요

내일 ＿＿＿＿＿.

❿ 韓国語、教えてください。　　教える：가르치다　〜してください：아/어 주세요

한국어 ＿＿＿＿＿ ＿＿＿＿＿.

⓫ おいしいお店をおすすめしてください。

おすすめする：추천하다　〜してください：아/어 주세요

맛집을 ＿＿＿＿＿ ＿＿＿＿＿.

⓬ 練習しました。　　　　練習する：연습하다　　過去形：았어요/었어요/했어요

＿＿＿＿＿＿＿＿＿＿＿＿.

⓭ ありませんでした。　　ない：없다　　過去形：았어요/었어요/했어요

＿＿＿＿＿＿＿＿＿＿＿＿.

⓮ 売りました。　　売る：팔다　　過去形：았어요/었어요/했어요

＿＿＿＿＿＿＿＿＿＿＿＿.

⓯ 終わりません。　　終わる：끝나다　　〜ません：안

＿＿＿＿ ＿＿＿＿＿＿＿.

⓰ 電話しません。　　電話する：전화하다　　〜ません：안

＿＿＿＿＿＿ ＿＿＿＿ ＿＿＿＿＿＿.

⓱ 書きます。　　書く：쓰다 ＊으変則用言

＿＿＿＿＿＿＿＿＿＿＿＿.

⓲ 痛いです。　　痛い：아프다 ＊으変則用言

＿＿＿＿＿＿＿＿＿＿＿＿.

⓳ 近いです。　　近い：가깝다 ＊ㅂ変則用言

＿＿＿＿＿＿＿＿＿＿＿＿.

⓴ 横になりますね。

横になる：눕다 ＊ㅂ変則用言　　〜しますね：ㄹ게요/을게요

＿＿＿＿＿＿＿＿＿＿＿＿.

助詞のまとめ

これまでに学んだ助詞やそのほかの助詞、注意する点を確認しましょう。

意 味	パッチムなし*	パッチムあり
～が	가 ガ	이 イ
～は	는 ヌン	은 ウン
～を	를 ルル	을 ウル
～と	와 ワ（主に書）	과 クァ（主に書）
～と	하고 ハゴ（話）	
～と	랑 ラン（話）	이랑 イラン（話）
～の	의 エ	
～も	도 ト	
～で（手段、道具）、～へ（方向） ～に（変化、決定の内容）	로 ロ	으로 ウロ （パッチムが ㄹ の場合は 로）
～で（場所）、 ～から（場所）	에서 エソ（省略形は 서）	
～から（時間）	부터 ブト	
～まで（場所・時間）	까지 ッカジ	
～に （場所、動作・作業の帰着点）	에 エ	
～で（時間、金額）		
～に （動作が及ぶ人・動物）	에게 エゲ（書） 한테 ハンテ（話） 께 ッケ（敬）	
～から （動作の起点の人）	에게서 エゲソ（書） 한테서 ハンテソ（話） 께서 ッケソ（敬）	
～より（比較）	보다 ボダ	

書…書き言葉　話…話し言葉　敬…敬語

＊ パッチムの有無は名詞の最後の文字を指す

「～から」は3つある！

「～から」は、場所、時間、人（動作の起点）という意味の違いによって使う助詞が変わります。

場所 ＊移動の始点

例 서울에서 부산까지 가요.　ソウルから釜山まで行きます。

時間

例 오후 한 시부터 세 시까지 공부해요.　午後1時から3時まで勉強します。

人（動作の起点）

例 친구한테서 들었어요.　友達から聞きました。 ＊한테を使うことも多い

日本語と違う使い方に注意！

를/을 (～を) は、「～が」や「～に」にあたる使い方をする場合があります。

名詞＋를/을 잘해요/못해요.（～が上手です/下手です。）

例 요리를 잘해요.　料理が上手いです。

名詞＋를/을 타요.（～に乗ります。）

例 지하철을 타요.　地下鉄に乗ります。

名詞＋를/을 만나요.（～に会います。）

例 친구를 만나요.　友達に会います。

名詞＋를/을 가요.（～［目的］に行きます。）

例 여행을 가요.　旅行に行きます。

 助詞はよく省略される！

가/이 (～が)、를/을 (～を)、의 (～の) などの助詞は、しばしば省略されます。

例 시간 없어요.　時間(が) ありません。　　例 오늘 점심　今日(の)昼食

77

カフェで偶然ミニョクに遭遇

チェ グル イル コ イッ ソ ヨ
책을 읽고 있어요.
本を読んでいます。

☐〜しています ☐何の
☐〜してもいいです ☐お〜ください

수아
スア

ミ ニョク ッシ ヨ ギソ ムォ ヘ ヨ
민혁 씨, 여기서 뭐 해요?

ミニョクさん、ここで何してるんですか?

민혁
ミニョク

チェ グル イル コ イッ ソ ヨ
책을 읽고 있어요.

本を読んでいます。

수아
スア

ム スン チェ ギ エ ヨ
무슨 책이에요?

何の本ですか?

민혁
ミニョク

ブ ドンサン チェ ギ エ ヨ
부동산 책이에요.

不動産の本です。

수아
スア

ク ロ クンニョ ヨ ギ アンジャド ドェ ヨ
그렇군요. 여기 앉아도 돼요?

そうなんですね。ここ座ってもいいですか?

민혁
ミニョク

ク ロム ニョ アンジュ セ ヨ
그럼요. 앉으세요.

もちろんです。座ってください。

78

여기서 : ここで
책 : 本
읽다 : 読む
무슨 : 何の

부동산 : 不動産
그렇군요 : そうなんですね
앉다 : 座る
그럼요 : もちろんです

Point ～しています

動作の継続・進行を表す「～しています」は、語幹＋**고 있어요**です。この文型はすべての語幹が共通です。

すべて の語幹 ＋ **고 있어요.**

例 **달리고 있어요.**
走っています。
달리다 走る

例 **향수를 찾고 있어요.**
香水を探しています。
찾다 探す

例 **열심히 일하고 있어요.**
一生懸命働いています。
일하다 働く

【＋α Point】

～していました

「～していました」と過去形にする場合は、**있어요**の部分を**있었어요**の形にして語幹＋**고 있었어요**とします。

例 **눈을 감고 있었어요.**
目を閉じていました。
감다 （目を）閉じる

例 **뭐 하고 있었어요?**
何していましたか？
하다 する

Point 何の

疑問詞「何の」は**무슨**です。名詞とセットで使われます。

> **무슨** ＋ 名詞
> ムスン

例 **무슨 띠예요?**
ムスン ッティ エ ヨ
干支は何ですか？
（何の干支ですか？）

띠 干支
ッティ

Point ～してもいいです

許可を表す「～してもいいです」は、語幹＋**아/어도 돼요**です。この文型は語幹の最後の文字の母音に注目。語幹の最後の文字の母音が陽母音（ㅏ、ㅑ、ㅗ）の場合は**아도 돼요**、陰母音（ㅏ、ㅑ、ㅗ以外）の場合は**어도 돼요**をつけます。語幹の最後の文字にパッチムがない場合は母音が縮約し、**하다**用言の場合は**하다**を**해도 돼요**の形にします。

> **陽母音** の語幹 ＋ **아도 돼요.**
> ア ド ドェ ヨ

例 **팔아도 돼요.**
パ ラ ド ドェ ヨ
売ってもいいです。

팔다 売る
パルダ

例 **봐도 돼요?**
ポァ ド ドェ ヨ
見てもいいですか？

보다 見る
ポダ

> **陰母音** の語幹 ＋ **어도 돼요.**
> オ ド ドェ ヨ

例 **먹어도 돼요?**
モ ゴ ド ドェ ヨ
食べてもいいですか？

먹다 食べる
モクタ

> **하다用言** の하다 ➡ **해도 돼요.**
> ヘ ド ドェ ヨ

例 **사용해도 돼요.**
サ ヨン ヘ ド ドェ ヨ
使用してもいいです。

사용하다 使用する
サ ヨン ハ ダ

80

Point お〜ください

丁寧な命令を表す「お〜ください」は、語幹 + 세요/으세요です。この文型は語幹の最後の文字のパッチムに注目。語幹の最後の文字にパッチムがない場合は세요、パッチムがある場合は으세요、パッチムが ㄹ の場合は ㄹ パッチムを取ってから세요をつけます。

パッチムなし の語幹 + 세요.

例 **부자 되세요.**
お金持ちにおなりください。

○ 되다 なる

💬 相手の成功を願うあいさつの一つ。

例 **먼저 가세요.**
先にお行きください。

○ 가다 行く

パッチムあり の語幹 + 으세요.

例 **여기에 적으세요.**
ここにお書きください。

○ 적다 書く

✏️ 적다は「記す」「書き留める」という意味。一方、쓰다は書くこと全般を表す。

ㄹパッチム の語幹 ➡ ㄹパッチムを取る + 세요

例 **어서 만드세요.**
早くお作りください。

○ 만들다 作る

🏷 霊魂までかき集める"ヨンクル族"

ここ数十年もの間、不動産価格が上昇し続けていた韓国では、投資としてもマンション購入が盛ん。特に多額の借金をしてまでマンションを購入する20〜30代を영끌족（ヨンクル族／영혼까지 끌어 모으다（霊魂までかき集める）の略）と呼び、成功した人も。しかし2022年の半ばからローンの金利が上がり、不動産価格も下がりはじめ、返済に追われる若者の増加が社会問題になっています。

⊕ **건강하세요**（お元気で）、**행복하세요**（お幸せに）も定番のあいさつ。　81

ep 12

ミニョクに夢を語るスア

카페를 열고 싶어요.
<small>カ　ペ　ルル　ヨル　ゴ　シ　ポ　ヨ</small>

カフェを開きたいです。

☐ ～したいです
☐ ～だけど、～なんですが

수아
スア

<small>プ　ドン　サ　ネ　クァン　シ　ミ　イッ　ソ　ヨ</small>
부동산에 관심이 있어요?
不動産に興味がありますか？

민혁
ミニョク

<small>ネ　チョ　ヌン　ネ　チム　マ　リョ　ニ　ックミ　エ　ヨ</small>
네. 저는 내 집 마련이 꿈이에요.
はい。僕はマイホームを持つこと（僕の家の用意）が夢です。

<small>ス　ア　ッシ　ヌン　ック　ミ　イッ　ソ　ヨ</small>
수아 씨는 꿈이 있어요?
スアさんは夢はありますか？

수아
スア

<small>チョ　ヌン　カ　ペ　ルル　ヨル　ゴ　シ　ポ　ヨ</small>
저는 카페를 열고 싶어요.
私はカフェを開きたいです。

민혁
ミニョク

<small>オ　チン　グ　ガ　カ　ペ　ルル　ハ　ヌン　デ</small>
어, 친구가 카페를 하는데
お、友だちがカフェをやっているんですが

<small>タ　ウ　メ　カ　チ　カ　ヨ</small>
다음에 같이 가요.
今度一緒に行きましょう。

관심：関心
＊「興味がある、ない」の「興味」は관심を使う

내：私の、僕の

마련：用意

꿈：夢
＊会話文内の**꿈이 있어요?**のように、日本語では助詞「は」を使う文でも、新たな話題が主語の疑問文では助詞**가/이**を使うことが多い

열다：開く

다음：次
＊다음에で「次に、今度」という意味になる

Point ～したいです

希望・願望を伝える「～したいです」は、語幹＋**고 싶어요**です。この文型はすべての語幹が共通です。

すべて の語幹 ＋ 고 싶어요.

例 **이거 사고 싶어요.**
これ買いたいです。

○ 이거 これ
○ 사다 買う

例 **뭘 먹고 싶어요?**
何を食べたいですか？

○ 뭘 何を
○ 먹다 食べる

＊무엇을の縮約形

【＋α Point】

～したかったです

「～したかったです」と過去形にする場合は、**싶어요**の部分を**싶었어요**の形にして語幹＋**고 싶었어요**とします。

例 **정말 보고 싶었어요.**
本当に会いたかったです。

○ 정말 本当に
○ 보다 見る、会う

例 **그 노래 듣고 싶었어요.**
その歌、聴きたかったです。

○ 듣다 聞く、聴く

Point 〜だけど、〜なんですが

逆接「〜だけど」や前提を表す「〜なんですが」は、語幹＋**는데/ㄴ데/은데**です。
この文型は語幹の最後の文字のパッチムに注目。動詞・存在詞（**있다、없다**）
には**는데**をつけますが、パッチムが**ㄹ**の場合は**ㄹ**パッチムを取ってから**는데**
をつけます。形容詞・指定詞には、語幹の最後の文字にパッチムがない場合
は**ㄴ데**、パッチムがある場合は**은데**、パッチムが**ㄹ**の場合は**ㄹ**パッチムを取
ってから**ㄴ데**をつけます。

【動詞・存在詞】

ㄹパッチム以外 の語幹 ＋ **는데**

例 **교재를 읽는데 어려워요.**
キョジェルル インヌンデ オリョウォヨ
教材を読んでいる**ん**ですが難しいです。
읽다 読む
イッタ

例 **시간이 없는데 나중에 해도 돼요?**
シガニ オムヌンデ ナジュンエ ヘドドェヨ
時間がない**ん**ですがあとでしてもいいですか？
없다 ない
オプタ

ㄹパッチム の語幹 ➡ **ㄹ**パッチムを取る ＋ **는데**

例 **마음에 드는데 비싸요.**
マウメ トゥヌンデ ピッサヨ
気に入っているけど高いです。
마음에 들다 気に入る
マウメ トゥルダ

【形容詞・指定詞】

パッチムなし の語幹 ＋ **ㄴ데**

例 **큰데 싸요.**
クンデ ッサヨ
大きいけど安いです。
크다 大きい
クダ

例 **처음인데 가르쳐 주세요.**
チョウミンデ カルチョ ジュセヨ
初めて**なん**ですが教えてください。
처음 初めて
チョウム

✎ 名詞には指定詞**이다**（〜であ
る）がつき、その語幹**이**に
ㄴ데をつけて**처음인데**（初め
てなんですが）となる。

84

パッチムあり の語幹 ＋ 은데〈ウン デ〉

例 **작은데**〈チャグン デ〉 다 들어가요.〈タ トゥロ ガ ヨ〉
小さいけど全部入ります。

○ 작다〈チャ タ〉 小さい

例 비주얼은 좋은데 맛없어요.〈ビジュ オルン チョウン デ マドプ ソ ヨ〉
ビジュアルはいいけどおいしくないです。

○ 좋다〈チョ タ〉 よい

ㄹパッチム の語幹 ➡ ㄹパッチムを取る〈リウル〉 ＋ ㄴ데〈ン デ〉

例 **힘든데**〈ヒム ドゥン デ〉 재미있어요.〈チェ ミ イッ ソ ヨ〉
大変だけど面白いです。

○ 힘들다〈ヒム ドゥル ダ〉 大変だ、つらい

【＋α Point】

～だったけど、～だったんですが

「～だったけど」「～だったんですが」と過去形にする場合は、語幹＋**았/었**〈アン オン〉**는데**〈スン デ〉となります。動詞か形容詞かなどに関係なく、語幹の最後の文字の母音が陽母音（ㅏ、ㅑ、ㅗ）の場合は**았는데**〈アンスン デ〉、陰母音（ㅏ、ㅑ、ㅗ以外）の場合は**었는데**〈オンスン デ〉をつけ、**하다**〈ハ ダ〉用言の場合は**하다**〈ハ ダ〉を**했는데**〈ヘンスン デ〉の形にします。

◉ 最後の母音が陽母音の場合：語幹＋**았는데**〈アンスン デ〉

例 그 영화 봤는데 재미없었어요.〈ク ヨンファ ボァンヌン デ チェ ミ オプ ソッ ソ ヨ〉
その映画見たんですがつまらなかったです。

○ 보다〈ボ ダ〉 見る

◉ 最後の母音が陰母音の場合：語幹＋**었는데**〈オンスン デ〉

例 어제 먹었는데 또 먹고 싶어요.〈オ ジェ モ ゴンヌン デ ット モク コ シ ポ ヨ〉
昨日食べたけどまた食べたいです。

○ 먹다〈モク タ〉 食べる

◉ 하다用言の場合：하다〈ハ ダ〉 ➡ 했는데〈ヘンスン デ〉

例 걱정했는데 괜찮았어요.〈コク チョンヘンヌン デ クェンチャナッ ソ ヨ〉
心配したけど大丈夫でした。

○ 걱정하다〈コク チョン ハ ダ〉 心配する

⊕ 起業や店舗を開業することを**창업**（創業）といい、YouTube には**창업** Vlog が多数上がっています。 **85**

ミニョクの友人のカフェにて

プ ヌィ ギ チョ コ   コ ピ ド   マ シッ ソ ヨ
분위기 좋고 커피도 맛있어요.
雰囲気よくてコーヒーもおいしいです。

☐ カフェメニューあれこれ　☐ 〜ですね、〜ますね
☐ 〜して（並列）　☐ 〜してみてください

수아
スア

ヨ ギ インテ リ オ ガ   イェップ ネ ヨ
여기 인테리어가 예쁘네요.
ここ、インテリアがかわいいですね。

민혁
ミニョク

ク ジョ プ ヌィ ギ チョ コ コ ピ ド マ シッ ソ ヨ
그죠. 분위기 좋고 커피도 맛있어요.
そうでしょう。雰囲気よくてコーヒーもおいしいです。

수아
スア

シ グ ニ チョ メ ニュ ガ ムォ エ ヨ
시그니처 메뉴가 뭐예요?
シグネチャーメニューは何ですか？

민혁
ミニョク

ア インシュ ペ ノ エ ヨ
아인슈페너예요.
アインシュペナーです。

ハン ボン マ ショ ボ セ ヨ
한번 마셔 보세요.
一度飲んでみてください。

수아
スア

ウム   マ シン ネ ヨ
음~ 맛있네요!
う〜ん、おいしいですね！

인테리어：インテリア
分위기：雰囲気
커피：コーヒー
시그니처：シグネチャー
＊店のおすすめ、売りのこと
메뉴：メニュー

아인슈페너：アインシュペナー
＊コーヒーの上に甘いクリームがのった飲み物
で、韓国のカフェでは定番メニュー
한번：一度
마시다：飲む
음：うむ、う〜ん
＊考えているときの感嘆詞

Check ≫ カフェメニューあれこれ

ドリンクやスイーツの名前を韓国語で言ってみましょう。

아메리카노

アメリカーノ

エスプレッソにお湯を加えたもの。韓国のカフェで最も定番のドリンク。

카페라떼

カフェラテ

日本でもおなじみ。アイスカフェラテはア이스 카페라떼。

녹차라떼

緑茶ラテ

いわゆる抹茶ラテ。最近は말차라떼と言うことも多い。

에이드

エイド

フルーツのシロップ漬けやフルーツ味のシロップを炭酸水で割ったもの。

아이스 아메리카노

アイスアメリカーノ

冷たいアメリカーノ。아아と略すこともある。

바닐라라떼

バニララテ

バニラシロップ入りのラテ。アイスバニララテは아바라と略すこともある。

고구마라떼

さつまいもラテ

고구마はさつまいもことで、さつまいもと牛乳で作った甘い飲みもの。

생과일 주스

生フルーツジュース

生のフルーツや氷、シロップをミキサーにかけて作ったジュース。

EP・13／ミニョクの友人のカフェにて

～ですね、～ますね

その場で知ったり感じたことについて「～ですね」と感嘆を表す表現は、語幹
+네요です。この文型はすべての語幹が共通。ただし、語幹の最後の文字の
パッチムが ㄹ の場合は、ㄹパッチムを取ってから네요をつけます。

ㄹパッチム以外 の語幹 ＋ 네요.

> 「時間が経つのは早い
> ですね」という意味の
> フレーズ。

例 **시간이 빠르네요.**
시 ガ ニ ッパル ネ ヨ
時間が早いですね。

빠르다 速い、早い
ッパル ダ

例 **날씨가 덥네요.**
ナルッシ ガ トム ネ ヨ
天気が暑いですね。

덥다 暑い
トプ タ

ㄹパッチム の語幹 ➡ ㄹパッチムを取る ＋ 네요.

例 **집이 머네요.**
チ ビ モ ネ ヨ
家が遠いですね。

멀다 遠い
モル ダ

Point **～して**（並列）

2つ以上の動作や状態を並べる「～して」は、語幹＋고です。この文型はすべ
ての語幹が共通です。名詞の場合は指定詞이다の語幹이がついて名詞＋이고
となり、名詞の最後の文字にパッチムがない場合は이が省略されて名詞＋고
となります。

すべて の語幹 ＋ 고

例 **노래도 잘하고 연기도 잘해요.**
ノ レ ド チャラ ゴ ヨンギ ド チャレ ヨ
歌も上手くて演技も上手いです。

잘하다 上手い
チャ ラ ダ

例 **이거는 소설이고 그거는 에세이예요.**
イ ゴ ヌン ソ ソリ ゴ ク ゴ ヌン エ セ イ エ ヨ
これは小説でそれはエッセイです。

소설 小説
ソ ソル

Point ～してみてください

「～してみてください」は、語幹＋**아/어 보세요**（ア オ ボ セ ヨ）です。この文型は語幹の最後の文字の母音に注目。語幹の最後の文字の母音が陽母音（ ㅏ、ㅑ、ㅗ）の場合は**아 보세요**、陰母音（ ㅏ、ㅑ、ㅗ以外）の場合は**어 보세요**をつけます。語幹の最後の文字にパッチムがない場合は母音が縮約し、**하다**（ハ ダ）用言の場合は**하다**（ハ ダ）を**해 보세요**（ヘ ボ セ ヨ）の形にします。

陽母音 の語幹 ＋ **아 보세요**（ア ボ セ ヨ）.

例 **한번 가 보세요.**（ハンボン カ ボ セ ヨ）
一度行ってみてください。

가다（カ ダ） 行く

陰母音 の語幹 ＋ **어 보세요**（オ ボ セ ヨ）.

例 **써 보세요.**（ッソ ボ セ ヨ）
使ってみてください。

쓰다（ッス ダ） 使う

 쓰다は으変則用言（P.69）なので써となる。

하다用言 の하다 ➡ **해 보세요**（ヘ ボ セ ヨ）.

例 **말해 보세요.**（マ レ ボ セ ヨ）
言ってみてください。

말하다（マ ラ ダ） 言う、話す

【＋α Point】

～してみます、～してみてください、～してみました

語幹＋**아/어 보세요**（ア オ ボ セ ヨ）の보세요（ボ セ ヨ）は、**보다**（ボ ダ）（見る）に**세요/으세요**（セ ヨ ウ セ ヨ）（～してください／P.81）が接続した形で、基本形は語幹＋**아/어 보다**（ア オ ボ ダ）です。**보다**を活用して、語幹＋**아/어 봐요**（ア オ ボァ ヨ）（～してみます、～してみてください）や、語幹＋**아/어 봤어요**（ア オ ボァ ッソ ヨ）（～してみました）という表現もよく使われます。

例 **이거 먹어 봐요.**（イ ゴ モ ゴ ボァ ヨ）
これ食べてみてください。

例 **틱톡 찍어 봤어요.**（ティ ク ト ク ッチ ゴ ボァッソ ヨ）
TikTok撮ってみました。

찍다（ッチ ク ダ） 撮る

EP ・ 13 ／ ミニョクの友人のカフェにて

⊕ **대표 메뉴**（代表メニュー）や**추천 메뉴**（推薦メニュー）も店の売りやおすすめのこと。 **89**

カフェの帰り際に

밥 먹으러 가요.
(バム　モ　グ　ロ　カ　ヨ)

ごはん食べに行きましょう。

☐ 曜日　☐ 〜しに
☐ 〜して（動作の先行①）　☐ 〜して（動作の先行②）

수아
スア

オ　ヌル　チョンマル　チュル　ゴ　ウォッ　ソ　ヨ
오늘 정말 즐거웠어요.

今日、本当に楽しかったです。

민혁
ミニョク

タ　ウ　メン　バム　モ　グ　ロ　カ　ヨ
다음엔 밥 먹으러 가요.

次はごはん食べに行きましょう。

イ　ボン　チュ　ト　ヨ　イル　オッテ　ヨ
이번 주 토요일 어때요?

今週土曜日どうですか？

수아
スア

チョ　ア　ヨ　　クァンジャン　シ　ジャン　カ　ソ　ユ　クェ　モ　ゴ　ヨ
좋아요. 광장시장 가서 육회 먹어요.

いいですね。広蔵市場行ってユッケ食べましょう。

コ　ギ　　ユ　クェ　コル　モ　ギ　イッ　ソ　ヨ
거기 육회 골목이 있어요.

そこにユッケ通りがあります。

민혁
ミニョク

シ　ジャン　ク　ギョン　ハ　ゴ　　ユ　クェ　モ　ゴ　ヨ
시장 구경하고 육회 먹어요.

市場見物してユッケ食べましょう。

チョンマル
정말：本当に

チュルゴプタ
즐겁다：楽しい

タウメン
다음엔：次は、今度は ＊**다음에는**の縮約
形。順序ではなく「今度は」「次回は」という意
味のときは、**다음은**よりも**다음에는**が自然

パプ
밥：ごはん

イ ボン チュ
이번 주：今週

ト ヨ イル
토요일：土曜日

クァンジャン シ ジャン
광장시장：広蔵市場
＊ソウル市内にある大きな市場

ユ クェ
육회：ユッケ

コル モク
골목：通り

シ ジャン
시장：市場

ク ギョン ハ ダ
구경하다：見物する

Check 》》 曜日

曜日とそれに関連した単語を覚えましょう。

月曜日	火曜日	水曜日	木曜日
ウォ リョ イル	ファ ヨ イル	ス ヨ イル	モ ギョ イル
월요일	**화요일**	**수요일**	**목요일**

金曜日	土曜日	日曜日	
ク ミョ イル	ト ヨ イル	イ リョ イル	
금요일	**토요일**	**일요일**	

요일は「曜日」と
いう意味。

先週	今週	来週
チ ナンジュ ／ チョ ボン チュ	イ ボン チュ	タ ウム チュ
지난주 / 저번 주	**이번 주**	**다음 주**

Point ～しに

目的を表す「～しに」は、語幹＋**러/으러**です。この文型は語幹の最後の文字の
パッチムに注目。語幹の最後の文字にパッチムがない場合とパッチムが**ㄹ**の
場合は**러**、パッチムがある場合は**으러**を語幹につけます。後ろの文には必ず
가다（行く）や**오다**（来る）など移動を表す動詞がくることに気をつけましょう。

EP
・
14
／
カフェの帰り際に

パッチムなし/ㄹパッチム の語幹 ＋ 러

例 **팬미팅 보러 가요.**
ペン ミ ティン ボ ロ カ ヨ
ファンミーティング見に行きます。

보다 見る　　가다 行く
ボダ　　　　カ ダ

例 **놀러 와요.**
ノ ル ロ ワ ヨ
遊びに来てください。

놀다 遊ぶ　　오다 来る
ノルダ　　　　オ ダ

パッチムあり の語幹 ＋ 으러

例 **밥 먹으러 가요.**
バム モ グ ロ カ ヨ
ごはん食べに行きましょう。

먹다 食べる
モク タ

💬 **밥 먹으러**をつなげて言うとㅂのあとにㅁがくるので鼻音化(P.26)し、**밥**は[**밤**(バム)]と発音する。

Point ～して（動作の先行①）

P.88で学んだ語幹＋**고**は、「～して」という動作の先行を表す意味にもなります。ただし語幹＋**고**が使えるのは、前の動作と後ろの動作に関連性がないときのみです。

すべて の語幹 ＋ 고

例 **오늘은 미술관에 가고 운동해요.**
オ ヌ ルン ミ ス ル グァ ネ カ ゴ ウンドン ヘ ヨ
今日は美術館に行って運動します。

✏️ 美術館に行ったあとに別の場所で運動するという意味。前後の動作に関連性がないので、**고**を使う。

例 **친구를 만나고 쇼핑했어요.**
チン グ ル ル マン ナ ゴ ショ ピン ヘッ ソ ヨ
友達に会ってショッピングしました。

쇼핑하다 ショッピングする
ショ ピン ハ ダ

✏️ この場合は前後の動作に関連性がないので、友達と一緒に買い物をしたのかはわからない。

例 **숙제하고 놀았어요.**
スク チェ ハ ゴ ノ ラッ ソ ヨ
宿題して遊びました。

숙제하다 宿題する
スク チェ ハ ダ

Point ～して（動作の先行②）

前の動作と後ろの動作に関連性があるときの「～して」は、語幹＋**아서/어서**で
す。この文型は語幹の最後の文字の母音に注目。語幹の最後の文字の母音が陽
母音（ㅏ、ㅑ、ㅗ）の場合は**아서**、陰母音（ㅏ、ㅑ、ㅗ以外）の場合は**어서**をつ
けます。語幹の最後の文字にパッチムがない場合は母音が縮約し、**하다**用言の
場合は**하다**を**해서**の形にします。

陽母音 の語幹 ＋ **아서** (アソ)

例 **오늘은 헬스장에 가서 운동해요.**
オ ヌルン ヘルス ジャン エ カ ソ ウンドン ヘ ヨ
今日はジムに行って運動します。

> 🖊 ジムに行ってその
> 場所で運動すると
> いう意味。前後の
> 動作に関連性があるので**아
> 서**を使う。

例 **친구를 만나서 쇼핑했어요.**
チン グ ルル マン ナ ソ ショピンヘッ ソ ヨ
友達に会ってショピングしました。

> 🖊 この場合は前後の動作
> に関連性があるので、
> 友達と一緒に買い物を
> したという意味。

陰母音 の語幹 ＋ **어서** (オソ)

例 **영상을 찍어서 올려요.**
ヨンサンウル ッチ ゴ ソ オル リョ ヨ
動画を撮ってアップします。

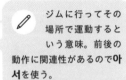

찍다 (ッチクタ) 撮る　**올리다** (オルリダ) 上げる

例 **라면을 끓여서 같이 먹어요.**
ラ ミョヌル ックリョソ カ チ モ ゴ ヨ
ラーメンを作って一緒に食べましょう。

끓이다 (ックリダ) 沸かす、作る

＊「ラーメンを作る」という場合、끓이다
を使うことが多い

하다用言 の하다 ➡ **해서** (ヘソ)

例 **숙소에 도착해서 체크인 했어요.**
スク ソ エ ト チャケ ソ チェク イン ヘッ ソ ヨ
宿に到着してチェックインしました。

도착하다 (トチャカダ) 到着する

Episode 15

広蔵市場のユッケ専門店にて

몇 분이세요?
ミョッ プ ニ セ ヨ

何名でいらっしゃいますか？

 ep15

- ☐ 飲食店で使えるフレーズ
- ☐ お〜になります、〜でいらっしゃいます
- ☐ 尊敬の意味を表す単語
- ☐ 〜するつもりです（意志・推量・婉曲）

점원
店員

어서 오세요. 몇 분이세요?
オ ソ オ セ ヨ　ミョッ プ ニ セ ヨ

いらっしゃいませ。何名でいらっしゃいますか？

민혁
ミニョク

두 명이요.
トゥ ミョン イ ヨ

2名です。

점원
店員

편하신 데 앉으세요.
ピョナ シン デ アンジュ セ ヨ

お好きなところにどうぞ（楽なところに座ってください）。

(오분 후) 주문하시겠어요?
オ プン フ　チュ ム ナ シ ゲッソ ヨ

（5分後）何になさいますか？（注文されますか？）

민혁
ミニョク

육회 2인분하고 맥주 하나,
ユ クェ イ イン ブ ナ ゴ メク チュ ハ ナ

ユッケ2人前とビール1つ、

소주 하나 주세요.
ソ ジュ ハ ナ チュ セ ヨ

焼酎1つください。

점원
店員

네, 알겠습니다.
ネ　アル ゲッスム ニ ダ

はい、わかりました。

점원：店員

어서 오세요：いらっしゃいませ

분：～名様

명：～名 ＊두명이요は、丁寧さを表す요/이요がついた形。基本的に最後の文字にパッチムがない場合は요、ある場合は이요がつく

편하다：楽だ、気楽だ

데：ところ

주문하다：注文する

인분：～人分

하고：～と ＊助詞

맥주：ビール

소주：焼酎

알겠습니다：わかりました

Check 》飲食店で使えるフレーズ

韓国旅行で飲食店に行ったら使ってみましょう。

여기요. / 저기요.

すみません。

店員を呼ぶときに。사장님 (社長の意味だが店主を指す) という呼びかけ方もある。

덜 맵게 해 주세요.

辛さひかえめでお願いします。

덜は「少なく」という意味。後ろの形容詞や副詞を否定する働きがある。

물 좀 주세요. ＊좀はクッション言葉

水ください。

물 (水) を물티슈 (おしぼり)、앞접시 (取り皿)、앞치마 (エプロン) にしても。

계산해 주세요.

お会計お願いします。

直訳は「計算してください」。レジでこう呼びかけよう。

일 인분 주세요.

1人前ください。

인분 (～人前) の前には漢数詞 (P.64) が入る。

○○ 빼 주세요.

○○抜いてください。

양파 (玉ねぎ)、계란 (卵) など、抜いてほしいものを○○に入れて。

이거 좀 더 주세요.

これお代わりください。

直訳は「これもっとください」。반찬 (おかず) はお代わりできることが多い。

포장해 주세요.

持ち帰ります。

直訳は「包装してください」。テイクアウトや残りを持ち帰りたいときに。

P.81で学んだ丁寧な命令「〜してください」の語幹＋**세요/으세요**は、「お〜になります、〜でいらっしゃいます」という尊敬の表現としても使われます。

パッチムなし の語幹 ＋ **세요.**

例 **바쁘세요.**
お忙しいです。
◎ **바쁘다** 忙しい

名詞は最後の文字にパッチムがない場合は**세요**、パッチムがある場合は**이세요**をつけます。

例 **선생님이세요.**
先生でいらっしゃいます。
◎ **선생님** 先生

パッチムあり の語幹 ＋ **으세요.**

例 **찍으세요.**
お撮りになります。
◎ **찍다** 撮る

例 **마음이 젊으세요.**
心がお若いです。
◎ **젊다** 若い

ㄹパッチム の語幹 ➡ **ㄹ**パッチムを取る ＋ **세요.**

例 **그거 아세요?**
それ、ご存じですか？
◎ **알다** 知る、わかる

【 ＋α Point 】

尊敬の表現の過去形

尊敬の表現を過去形にする場合は、語幹＋**셨어요/으셨어요**となります。語幹の最後の文字にパッチムがない場合は**셨어요**、パッチムがある場合は**으셨어요**、パッチムが**ㄹ**の場合は**ㄹ**パッチムを取ってから**셨어요**をつけます。

例 **바쁘셨어요.**
お忙しかったです。

例 **찍으셨어요.**
お撮りになりました。

一部の言葉は、尊敬を表すときに単語自体が別のものになります。

単語	尊敬語	〜です
イッ タ **있다** （いる）	ケ シ ダ **계시다** （いらっしゃる）	ケ セ ヨ **계세요** （いらっしゃいます）
モッ タ **먹다** （食べる）	トゥ シ ダ **드시다** （召し上がる）	トゥ セ ヨ **드세요** （召し上がります）
マ シ ダ **마시다** （飲む）		
チャ ダ **자다** （寝る）	チュム シ ダ **주무시다** （お休みになる）	チュム セ ヨ **주무세요** （お休みになります）
マ ラ ダ **말하다** （話す）	マルッス マ ダ **말씀하다** （おっしゃる）	マルッス マ セ ヨ **말씀하세요** （おっしゃいます）

助詞	尊敬語
ガ イ **가 / 이** （〜が）	ッケ ソ **께서** （〜が）
ヌン ウン **는 / 은** （〜は）	ッケ ソ ヌン **께서는** （〜は）

💬 **안녕히 주무세요**[アンニョンヒ チュムセヨ]で「おやすみなさい」というあいさつになる。直訳は「安寧にお休みください」。

Point 〜するつもりです（意志・推量・婉曲）

意志を表す「〜するつもりです」は、語幹＋**겠어요**です。この文型はすべての語幹が共通です。文脈によっては「〜でしょう」という推量の意味を持ったり、言い回しをやわらかくする婉曲の働きをします。

また、尊敬を表す**시**を前につけた語幹＋**시겠어요?**の形で「〜されますか？」と丁寧に尋ねる表現に。さらにそこへ語幹＋**아/어 주다**（〜してあげる）をつけた語幹＋**아/어 주시겠어요?**の形で、「〜していただけますか？」と丁寧に依頼する表現になります。

すべて の語幹 ＋ **겠어요**

例 ヨン ス パ ゲッ ソ ヨ
연습하겠어요.
練習するつもりです。

ヨン ス パ ダ
연습하다 練習する

例 オ シ ゲッ ソ ヨ
오시겠어요?
いらっしゃいますか？

オ ダ
오다 来る

例 テ ウォ ジュ シ ゲッ ソ ヨ
데워 주시겠어요?
温めていただけますか？

テ ウ ダ
데우다 温める

⊕ お酒を注文すると**뭘로 드릴까요?**（何にしますか？）と聞かれます。飲みたい銘柄を答えましょう。

練習問題 ❸

解答はP.172

Episode11〜15で学んだ内容を練習問題でおさらい！

日本語文の意味と合うように、下線部分に韓国語を書きましょう。

❶ 今、向かっています (行っています)。　行く：가다　〜しています：고 있어요

지금 ＿＿＿＿ ＿＿＿＿＿.

❷ これは何の味ですか？

이게 ＿＿＿＿ 맛이에요?

❸ 写真を撮ってもいいですか？　撮る：찍다　〜してもいいですか？：아/어도 돼요?

사진을 ＿＿＿＿＿ ＿＿＿＿

❹ うちにいらっしゃってください。　来る：오다　お〜ください：세요/으세요

우리 집으로 ＿＿＿＿＿.

❺ 飲みものを飲みたいです。　飲む：마시다　〜したいです：고 싶어요

음료수를 ＿＿＿＿＿ ＿＿＿＿＿.

❻ 明日出発するんですが台風が来ています。

出発する：출발하다　〜なんですが：는데/ㄴ데/은데

내일 ＿＿＿＿＿＿ 태풍이 오고 있어요.

❼ 週末だけど何していますか？　週末だ：주말이다 (週末「주말」に指定詞「이다」が

ついた形)　〜だけど：는데/ㄴ데/은데

＿＿＿＿＿＿ 뭐 해요?

❽ すごくおいしいですね。　おいしい：맛있다　〜ですね：네요

너무 ＿＿＿＿＿＿.

❾ 頭が痛くて熱もあります。　痛い：아프다　〜して (並列)：고

머리가 ＿＿＿＿＿ 열도 있어요.

❿ 一度使ってみてください。　使う：쓰다　〜してみてください：아/어 보세요

한번 ＿＿＿＿＿.

⑪ ゆっくり真似してみてください。

真似する（真似して行う）：따라 하다　〜してみてください：아/어 보세요

천천히 _____ ____ _____.

⑫ 金曜日に会いましょう。

_____에 만나요.

⑬ ソウルに遊びに行きます。　遊ぶ：놀다　〜しに：러/으러

서울에 _____ 가요.

⑭ 宿題をして外に出ました。　する：하다　〜して（動作の先行）：고

숙제를 _____ 밖에 나갔어요.

⑮ 友達と会って一緒に映画を見ました。

会う：만나다　〜して（動作の先行）：아서/어서

친구를 _____ 같이 영화를 봤어요.

⑯ 写真を撮って送ってください。

撮る：찍다　〜して（動作の先行）：아서/어서

사진을 _____ 보내 주세요.

⑰ 先生はお忙しいです。　忙しい：바쁘다　尊敬表現：세요/으세요

선생님은 _____.

⑱ これ召し上がってください。召し上がる：드시다　尊敬表現：세요/으세요

이거 _____.

⑲ 来週もっと運動するつもりです。　運動する：운동하다　〜するつもりです：겠어요

다음 주에 더 _____.

⑳ 住所を教えていただけますか？（知らせていただけますか？）

知らせる：알리다　〜していただけますか？：아/어 주시겠어요?

주소를 _____ _____.

🔊 ep 16

音楽番組の収録に参加

음반 없으면 안 돼요?
ウム バン オプ ス ミョン アン ドェ ヨ

CDなければいけませんか？

☑ 音楽番組関連フレーズ　☑ ～すれば、～たら
☑ ～すればいいです　☑ ～してはいけません

팬매
ファンマネ

신분증, 음원 구매 내역서, 음반 확인할게요.
シン ブンチュン ウムォン クメ ネ ヨクソ ウム バン ファ ギ ナルケ ヨ
身分証、音源購入内訳書、CD確認します。

예린
イェリン

음반 없으면 안 돼요?
ウム バン オプ ス ミョン アン ドェ ヨ
CDなければいけませんか？

팬매
ファンマネ

음반도 구매 내역서가 있으면 돼요.
ウム バンド ク メ ネ ヨク ソガ イッ ス ミョン ドェ ヨ
CDも購入内訳書があればいいです。

예린
イェリン

여기요.
ヨ ギ ヨ
これです。

OK!

팬매
ファンマネ

네, 확인했어요.
ネ ファ ギ ネッ ソ ヨ
はい、確認しました。

팔찌랑 포카 드릴게요.
パル ッチ ラン ポ カ トゥ リルケ ヨ
リストバンドとトレカを差し上げます。

신분증：身分証

음원：音源
＊ダウンロードやストリーミングする曲のこと

구매 내역서：購入内訳書
＊音源などを購入した証明書のこと

음반：CD ＊直訳は「音盤」

확인하다：確認する

여기요：これです ＊物を手渡すときの「どうぞ」という意味

팔찌：リストバンド、ブレスレット

랑/이랑：〜と ＊助詞。カジュアルな言い方。前につく名詞の最後の文字にパッチムがない場合は랑、ある場合は이랑

포카：トレーディングカード
＊포토카드（フォトカード）の略

드리다：差し上げる

Check ≫ 音楽番組関連フレーズ

音楽番組で使う用語やフレーズをチェックしましょう。

사전녹화

事前収録

略して**사녹**。生放送でもパフォーマンス部分のみ事前録画することが多い。

줄 서 주세요.

並んでください。

줄 서다は「並ぶ」。尊敬の**시** + **ㄹ게요**（〜しますね）で**줄 서실게요**と言うことも。

출석 체크 할게요.

出席チェックします。

인원 체크（人員チェック）とも。参加条件を満たしているかスタッフが確認すること。

응원법

応援法

曲中にファンが入れる掛け声のこと。公式が決めた応援法に沿って声を出す。

본방사수

本放送死守

番組をリアルタイムで視聴すること。主にアイドルや番組側が呼びかける言葉。

몇 번이세요?

何番ですか？

収録現場で列になるとき、通常は事前申請時に与えられた番号順に並ぶ。

명단

名簿、リスト

事前申請によって名簿が作られ、その名簿順に出席チェックをしていく。

조공

差し入れ、サポート

ファンからアイドルへの差し入れのこと。反対にアイドルからファンへは**역조공**。

101

Point ～すれば、～たら

条件・仮定を表す「～すれば、～たら」は、語幹＋**면**/**으면**です。この文型は語幹の最後の文字のパッチムに注目。語幹の最後の文字にパッチムがない場合とパッチムが**ㄹ**の場合は**면**、パッチムがある場合は**으면**をつけます。

> **パッチムなし/ㄹパッチム**の語幹 ＋ **면**

例 **비가 오면 취소돼요.**
ピガ オミョン チュィ ソ ドェ ヨ
雨が降れば中止されます。

○ **비가 오다** 雨が降る
ビガ オダ

例 **피곤하면 쉬세요.**
ピ ゴン ナミョン シュィ セ ヨ
疲れていたら休んでください。

○ **피곤하다** 疲れる
ピ ゴン ナ ダ

> **パッチムあり**の語幹 ＋ **으면**

例 **돈이 많으면 행복해요?**
ト ニ マ ヌミョン ヘン ボ ケ ヨ
お金が多ければ幸せですか？

○ **많다** 多い
マン タ

例 **시간이 없으면 다음에 만나요.**
シ ガ ニ オブ スミョン タ ウ メ マン ナ ヨ
時間がなければ今度会いましょう。

○ **없다** ない
オブ タ

Point ～すればいいです

許容を表す「～すればいいです」は、語幹＋**면**/**으면 돼요**です。この文型は語幹の最後の文字のパッチムに注目。語幹の最後の文字にパッチムがない場合とパッチムが**ㄹ**の場合は**면 돼요**、パッチムがある場合は**으면 돼요**をつけます。

> **パッチムなし/ㄹパッチム**の語幹 ＋ **면 돼요.**

例 **7 시까지 가면 돼요.**
イルゴァ シッカジ カ ミョン ドェ ヨ
7時までに行けばいいです。

○ **시** ～時
シ

○ **까지** まで
ッカジ

> **パッチムあり** の語幹 **＋ 으면 돼요.**
> *ウ ミョン デョ*

例 **여기에 적으면 돼요.**
ヨ ギ エ チョグ ミョン デョ
ここに書けばいいです。

○ **여기** ここ
ヨ ギ

○ **적다** 書く
チョク タ

Point ～してはいけません

禁止を表す「～してはいけません」は、否定の**안**を間に置いて、語幹**＋면/으면**
アン　　　　　　　　　　　　　　　　　　　　　　*ミョン ウミョン*
안 돼요です。この文型は語幹の最後の文字のパッチムに注目。語幹の最後の
アンデョ
文字にパッチムがない場合とパッチムが**ㄹ**の場合は**면 안 돼요**、パッチムがあ
リウル　　　　　　　　　　　　*ミョン アン デョ*
る場合は**으면 안 돼요**をつけます。
ウ ミョン アン デョ

> **パッチムなし/ㄹパッチム** の語幹 **＋ 면 안 돼요.**
> *ミョン アン ドェ ヨ*

例 **팔면 안 돼요?**
バルミョン アン ドェ ヨ
売ってはいけませんか？

○ **팔다** 売る
バル ダ

> **パッチムあり** の語幹 **＋ 으면 안 돼요.**
> *ウミョン アン ドェ ヨ*

例 **사진 찍으면 안 돼요.**
サ ジン ッチグ ミョン アン ドェ ヨ
写真撮ってはいけません。

○ **사진** 写真
サ ジン

○ **찍다** 撮る
ッチク タ

🏷 **"サノク"でアイドルを応援！**

韓国では週にいくつも音楽番組が放送されており、収録にファンが参加で
きます。**사녹**（事前収録）は通常アーティストごとの収録で、各ファンクラ
サノク
ブやコミュニティで参加者を募集。事前に申請をし、先着または抽選で枠
に入れたら、当日は指定された物を用意して集合場所へ。出席チェックを
受けて、晴れて観覧できます。

⊕ **팬매**は**팬매니저**（ファンマネージャー）の略で、ファンを管理するスタッフのこと。 103

ep 17

ドリームランドのサイン会にて

너무 좋아서 계속 듣고 있어.
^{ノム チョア ソ ケ ソク トゥッ コ イッ ソ}

すごくよくて、ずっと聴いてる。

☐ パンマルのときの名前の呼び方　☐ パンマル
☐ 〜なので（原因・理由）　☐ 〜になります

도윤
ドユン

누나 보고 싶었어요!
^{ヌ ナ ボ ゴ シ ボッソ ヨ}

ヌナ、会いたかったです！

예린
イェリン

도윤아 나도 보고 싶었어~.
^{ド ユ ナ ナ ド ボ ゴ シ ボッ ソ}

ドユン、私も会いたかった〜。

도윤
ドユン

이번 앨범 어때요?
^{イ ボン エル ボム オッ テ ヨ}

今回のアルバムどうですか？

예린
イェリン

너무 좋아서 계속 듣고 있어.
^{ノ ム チョ ア ソ ケ ソク トゥッ コ イッ ソ}

すごくよくて、ずっと聴いてる。

참! 내 선배가 도윤이 팬이 됐어!
^{チャム ネ ソン ベ ガ ド ユ ニ ペ ニ ドェッ ソ}

そうだ！　私の先輩がドユンのファンになった！

도윤
ドユン

정말요? 다음엔 꼭 같이 와요!
^{チョン マル リョ タ ウ メン ッコク カ チ ワ ヨ}

本当ですか？　次はぜひ一緒に来てください！

누나：ヌナ、お姉さん ＊男性が年上の女性
を呼ぶときに親しみを込めて使う
보다：見る、会う
＊約束して会うとき以外は보다を使う
나：私、僕 ＊カジュアルな言い方
계속：ずっと、続けて
듣다：聞く、聴く

참：そうだ、まったく
＊思い出したときやあきれたときの感嘆詞
팬：ファン
정말요?：本当ですか?
＊요にㄴ[n]の挿入（P.27）と流音化（P.27）が起き、
[정말료]と発音されるのが一般的
꼭：ぜひ、必ず
오다：来る

Point パンマルのときの名前の呼び方

「パンマル」とはため口のこと。子どもや年下の人、親しい友人に使います。
目上や年上の人、親しくない人に使うと失礼にあたるので注意しましょう。
パンマルで呼びかけるとき、名前の最後の文字にパッチムがない場合は야、
パッチムがある場合は아を名前につけます。また、名前の最後の文字にパッ
チムがある場合は、親しみを込めて名前のあとに이をつけることが多いです。

【呼びかけるとき】

パッチムなし の名前 ＋ 야

例 민지야!
ミンジ！

例 민규야~.
ミンギュ～。

パッチムあり の名前 ＋ 아

例 유진아!
ユジン！

例 형준아~.
ヒョンジュン～。

【会話のなかで】

パッチムあり の名前 ＋ 이

例 예찬이가 먹었어.
イェチャンが食べたよ。

呼びかけではなく、会話中や第
三者と話しているときに名前の
あとにつける。パッチムがない
場合は何もつけない。

Point パンマル

これまで学習したヘヨ体の文末から**요**を取ると、パンマルになります。

ヘヨ体の文末 ➡ **요**を取る

例 **빵 먹었어?**
ッパン モ ゴッソ
パン食べた？

빵 パン
ッパン

💬 **먹었어요?**（食べましたか？）
から**요**を取った形。

【＋α Point】

〜だよ、〜だ

名詞は例外で、最後の文字にパッチムがない場合は**야**、パッチムがある場合は**이야**をつけます。

例 **내일이 콘서트야.**
ネ イ リ コン ソ トゥ ヤ
明日がコンサートだよ。

例 **이게 최선이야.**
イ ゲ チェ ソ ニ ヤ
これが最善だよ。

Point 〜なので（原因・理由）

P.93で学んだ語幹＋**아서/어서**は、原因・理由を表す「〜なので」という意味に
ア ソ オ ソ
もなります。前の文が過去の内容だったとしても過去形はつかない点と、後
ろに勧誘・命令の文はこない点に注意しましょう。

陽母音 の語幹 ＋ **아서**
ア ソ

例 **사람이 많아서 놀랐어요.**
サ ラ ミ マ ナ ソ ノルラッソ ヨ
人が多くて驚きました。

많다 多い
マン タ

놀라다 驚く
ノル ラ ダ

陰母音 の語幹 ＋ **어서**
オ ソ

例 **반팔 티 입어서 추워요.**
パンパル ティ イ ボ ソ チュウォ ヨ
半袖Tシャツ着たので寒いです。

입다 着る
イプ タ

춥다 寒い
チュプ タ

> **하다用言** の하다 ➡ 해서

例 **운전해서 피곤해요.**
ウンジョネ ソ ピ ゴ ネ ヨ
運転して疲れています。
○ **운전하다** 運転する
ウンジョ ナ ダ

例 **냉면을 좋아해서 자주 먹어요.**
ネン ミョ ヌル チョ ア ヘ ソ チャジュ モ ゴ ヨ
冷麺が好きなのでよく食べます。
○ **좋아하다** 好む
チョ ア ハ ダ

Point 〜になります

「〜になります」は、**名詞 + 가/이 돼요**です。名詞の最後の文字にパッチムが
ない場合は**가 돼요**、パッチムがある場合は**이 돼요**がつきます。

> **パッチムなし** の名詞 + **가 돼요.**
> ガ ドェ ヨ

 内년(来年)や아침
（朝）など時間を表
す単語には、基本的
に에（〜に）がつく。

例 **내년에 교사가 돼요.**
ネ ニョ ネ キョ サ ガ ドェ ヨ
来年、教師になります。
○ **교사** 教師
キョ サ

> **パッチムあり** の名詞 + **이 돼요.**
> イ ドェ ヨ

例 **걱정이 돼요.**
コ クチョン イ ドェ ヨ
心配になります。
○ **걱정** 心配
コ クチョン

【+α Point】

〜になりました、〜になりたいです

돼요の基本形は**되다**。これを過去形にして、名詞 + **가/이 됐어요**の形にする
ト ェ ヨ　　　　　　ト ェ ダ　　　　　　　　　　　　　ガ イ ドェッ ソ ヨ
と「〜になりました」になります。また、**되다**の語幹**되**に**고 싶어요**（〜した
ト ェ ダ　　　　　ト ェ　　　 コ シ ポ ヨ
いです／P.83）をつけて、「〜になりたいです」と表現できます。

例 **교사가 됐어요.**
キョ サ ガ ドェッ ソ ヨ
教師になりました。

例 **가수가 되고 싶어요.**
カ ス ガ ドェ ゴ シ ポ ヨ
歌手になりたいです。

サイン会にて推しとの会話

괜찮으니까 걱정하지 마.
クェン チャ ヌ ニッカ コク チョン ハ ジ マ

大丈夫だから心配しないで。

□ ～だから（原因・理由）　□ ～しないでください
□ ～できます　□ ～できません

예린
イェリン

오빠, 다리 괜찮아요?
オッパ　タ リ　クェン チャ ナ ヨ

オッパ、脚大丈夫ですか？

사녹 때 넘어져서 깜짝 놀랐어요.
サ ノ クッテ ノ モ ジョソ　カム チャン ノル ラッ ソ ヨ

事前収録のときに転んでびっくりしました。

시우
シウ

봤어? 괜찮으니까 걱정하지 마.
ポァッソ　クェン チャ ヌ ニッカ コク チョン ハ ジ マ

見た？　大丈夫だから心配しないで。

예린
イェリン

안 다쳐서 다행이에요.
アン タ チョ ソ タ ヘン イ エ ヨ

ケガしなくてよかったです。

시우
シウ

고마워. 항상 응원해 줘서
コ マ ウォ　ハン サン ウン ウォ ネ ジュォ ソ

ありがとう。いつも応援してくれるから

열심히 활동할 수 있어.
ヨル シ ミ　ファル トン ハル ス イッ ソ

一生懸命活動できるよ。

P.106の

Vocabulary

다리（タリ）：脚

때（ッテ）：〜のとき

넘어지다（ノモジダ）：転ぶ

깜짝（カムチャク）：びっくり

놀라다（ノルラダ）：驚く

걱정하다（コクチョンハダ）：心配する

다치다（タチダ）：ケガをする

항상（ハンサン）：いつも、常に

응원하다（ウンウォナダ）：応援する

열심히（ヨルシミ）：一生懸命

활동하다（ファルトンハダ）：活動する

＊K-POP用語ではリリース期間中にメディアに露出したりサイン会をしたりすること

Point ～だから（原因・理由）

原因・理由を表す「～だから」は、語幹＋니까/으니까です。この文型は語幹の最後の文字のパッチムに注目。語幹の最後の文字にパッチムがない場合は니까（ニッカ）、パッチムがある場合は으니까（ウニッカ）、パッチムが ㄹ（リウル）の場合は ㄹ パッチムを取ってから니까（ニッカ）をつけます。P.106の語幹＋아서/어서（アソ/オソ）とは違って過去形をつけることができ、後ろに勧誘・命令の文がくるときにも使うことができます。また、語幹＋아서/어서（アソ/オソ）よりも主観的な表現になります。

パッチムなし の語幹 ＋ 니까（ニッカ）

例 이번 달은 바쁘니까 다음 달에 만나요.
（イ ボン タルン バップ ニッカ タウム タレ マンナ ヨ）

今月は忙しいから来月会いましょう。

바쁘다 忙しい（バップダ）

パッチムあり の語幹 ＋ 으니까（ウニッカ）

例 날씨가 좋으니까 놀러 가요.
（ナルッシ ガ チョウ ニッカ ノル ロ ガ ヨ）

天気がいいから遊びに行きましょう。

좋다 いい（チョタ）

ㄹパッチム の語幹 ➡ ㄹパッチムを取る ＋ 니까（ニッカ）

例 혼자 사니까 편해요.
（ホンジャ サ ニッカ ピョネ ヨ）

一人で住んでいるから楽です。

살다 住む（サルダ）　편하다 楽だ（ピョナダ）

109

【＋α Point】

〜だったから

過去形の「〜だったから」は、語幹＋**았/었으니까**です。語幹の最後の文字の母音が陽母音（ト、ド、ㅗ）の場合は**았으니까**、陰母音（ト、ド、ㅗ以外）の場合は**었으니까**をつけます。語幹の最後の文字にパッチムがない場合は母音が縮約し、**하다**用言の場合は**하다**を**했으니까**の形にします。

例 **다 먹었으니까 없어요.**
全部食べたからありません。

○ **먹다** 食べる

Point 〜しないでください

禁止を表す「〜しないでください」は、語幹＋**지 마세요**です。この文型はすべての語幹が共通。語尾の**세요**を取るとパンマル「〜するな、〜しないで」となります。

すべての語幹 ＋ **지 마세요.**

例 **뛰지 마세요.**
走らないでください。

○ **뛰다** 走る

例 **가지 마.**
行かないで。

○ **가다** 行く

Point 〜できます

可能を表す「〜できます」は、語幹＋**ㄹ/을 수 있어요**です。この文型は語幹の最後の文字のパッチムに注目。語幹の最後の文字にパッチムがない場合は**ㄹ 수 있어요**、パッチムがある場合は**을 수 있어요**、パッチムが**ㄹ**の場合は**ㄹ**パッチムを取ってから**ㄹ 수 있어요**をつけます。

パッチムなしの語幹 ＋ **ㄹ 수 있어요.**

例 **할 수 있어요.**
できます。

○ **하다** する

110

> **パッチムあり** の語幹 ＋ <ruby>을<rt>ウル</rt></ruby> <ruby>수<rt>ス</rt></ruby> <ruby>있어요<rt>イッソヨ</rt></ruby>.

例 <ruby>읽을<rt>イルグル</rt></ruby> <ruby>수<rt>ス</rt></ruby> <ruby>있어요<rt>イッソヨ</rt></ruby>.
読めます。

<ruby>읽다<rt>イクタ</rt></ruby> 読む

> **ㄹパッチム** の語幹 ➡ ㄹパッチムを取る ＋ <ruby>ㄹ<rt>リュル</rt></ruby> <ruby>수<rt>ス</rt></ruby> <ruby>있어요<rt>イッソヨ</rt></ruby>.

例 <ruby>만들<rt>マンドゥル</rt></ruby> <ruby>수<rt>ス</rt></ruby> <ruby>있어요<rt>イッソヨ</rt></ruby>.
作れます。

<ruby>만들다<rt>マンドゥルダ</rt></ruby> 作る

Point ～できません

語幹 ＋ **ㄹ/을 수 있어요** の **있어요** を **없어요** に替えると、「～できません」という不可能の意味になります。

> **パッチムなし** の語幹 ＋ <ruby>ㄹ<rt>ル</rt></ruby> <ruby>수<rt>ス</rt></ruby> <ruby>없어요<rt>オプソヨ</rt></ruby>.

例 <ruby>할<rt>ハル</rt></ruby> <ruby>수<rt>ス</rt></ruby> <ruby>없어요<rt>オプソヨ</rt></ruby>.
できません。

例 <ruby>할<rt>ハル</rt></ruby> <ruby>수<rt>ス</rt></ruby> <ruby>없었어요<rt>オプソッソヨ</rt></ruby>.
できませんでした。

🖉 없어요を過去形없었어요にすると、「～できませんでした」という意味になる。

> **パッチムあり** の語幹 ＋ <ruby>을<rt>ウル</rt></ruby> <ruby>수<rt>ス</rt></ruby> <ruby>없어요<rt>オプソヨ</rt></ruby>.

例 <ruby>읽을<rt>イルグル</rt></ruby> <ruby>수<rt>ス</rt></ruby> <ruby>없어요<rt>オプソヨ</rt></ruby>.
読めません。

> **ㄹパッチム** の語幹 ➡ ㄹパッチムを取る ＋ <ruby>ㄹ<rt>リュル</rt></ruby> <ruby>수<rt>ス</rt></ruby> <ruby>없어요<rt>オプソヨ</rt></ruby>.

例 <ruby>만들<rt>マンドゥル</rt></ruby> <ruby>수<rt>ス</rt></ruby> <ruby>없어요<rt>オプソヨ</rt></ruby>.
作れません。

⊕ サイン会では付箋に書いた質問に答えてもらえることも。付箋は**포스트잇**（ポストイット）といいます。

サイン会後、友人と飲食店にて

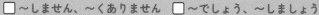

モンジョ　ポカ　トゥルゴ　サジン　ッチクチョ
먼저 포카 들고 사진 찍죠.
先にトレカ持って写真撮りましょう。

☐ ～しません、～くありません　　☐ ～でしょう、～しましょう
☐ ～に、～く、～するように

덕친
オタ友

ペゴプジ　ア　ナ　ヨ
배고프지 않아요?
お腹すいていませんか？

ッパルリ　モ　ゴ　ヨ
빨리 먹어요.
早く食べましょう。

예린
イェリン

モンジョ　ポ　カ　トゥル　ゴ　サジン　ッチク　チョ
먼저 포카 들고 사진 찍죠.
先にトレカ持って写真撮りましょう。

덕친
オタ友

ア　　イェジョルシャッ
아~ 예절샷!
あ〜、礼節ショット！

チャルカク　イェップ ゲ　ナ ワッ ソ ヨ
(찰칵) 예쁘게 나왔어요.
（カシャッ）きれいに撮れました。

예린
イェリン

オ ッパドゥ リ　チャルセンギョッ ス ニ ッカ　タン ヨ ナ ジョ
오빠들이 잘생겼으니까 당연하죠.
オッパたちがカッコいいから当たり前でしょう。

배고프다 ^{ペ ゴ プ ダ}：お腹がすいている

＊으変則用言(P.69)。배は「お腹」という意味で、배가 고프다とも言う

빨리 ^{ッパル リ}：早く

먼저 ^{モンジョ}：先に

들다 ^{トゥル ダ}：持つ

사진 ^{サジン}：写真

찍다 ^{ッチク タ}：撮る

예절샷 ^{イェジョルシャッ}：礼節ショット ＊詳細はP.115下

찰칵 ^{チャルカク}：カシャッ ＊シャッター音の擬態語

나오다 ^{ナ オ ダ}：出る

＊形容詞の語幹＋게 나오다で「（写真が）～に写る、～く撮れる」という意味になる

잘생겼다 ^{チャルセンギョッ タ}：かっこいい

＊韓国語では動詞。基本形は잘생기다だが、잘생겼다の形で使う

당연하다 ^{タン ヨ ナ ダ}：当然だ

Point ～しません、～くありません

P.60で学んだ否定形안^{アン}のほかに、語幹＋지 않아요^{チ アナ ヨ}も「～しません、～くありません」という否定の意味になります。この文型はすべての語幹が共通です。

すべて の語幹 ＋ 지 않아요^{チ アナ ヨ}.

例 바쁘지 않아요^{パップ ジ アナ ヨ}.
忙しくありません。 바쁘다^{パップ ダ} 忙しい

例 하고 싶지 않아요^{ハ ゴ シプ チ アナ ヨ}.
したくありません。

語幹＋고 싶어요（～したいです／P.83）の싶어요の基本形は싶다で、語幹싶に지 않아요をつけた形。

【＋α Point】

～ませんでした

過去形「～しませんでした、～くありませんでした」にする場合は않아요^{アナ ヨ}の基本形않다^{アンタ}を過去形にして、語幹＋지 않았어요^{チ アナッソ ヨ}の形にします。

例 울지 않았어요^{ウルジ アナッソ ヨ}.
泣きませんでした。 울다^{ウル ダ} 泣く

Point ～でしょう、～しましょう

自分の考えを述べる表現「～でしょう」は、語幹＋죠^{チョ}です。相手に確認・同意を求めたり、「～しましょう」という勧誘する意味にもなります。この文型はすべての語幹が共通です。名詞につける場合は指定詞이다^{イダ}の語幹이^イをつけて名詞＋이죠^{イジョ}となり、名詞の最後の文字にパッチムがない場合は이^イが省略されて名詞＋죠^{ジョ}となります。

> **すべて** の語幹 ＋ **죠^{チョ}.**

例 **노래 좋죠^{ノ レ チョ チョ}?**　　○ **좋다^{チョ タ} よい**
歌いいでしょう？

例 **같이 타죠^{カ チ タ ジョ}.**　　○ **타다^{タ ダ} 乗る**
一緒に乗りましょう。

【名詞につける場合】………………………………………………………

> **パッチムなし** の名詞 ＋ **죠^{ジョ}.**

例 **이게 최고죠^{イ ゲ チェ ゴ ジョ}.**　　○ **최고^{チェ ゴ} 最高**
これが最高でしょう。

> **パッチムあり** の名詞 ＋ **이죠^{イ ジョ}.**

例 **오랜만이죠^{オ レン マ ニ ジョ}?**　　○ **오랜만^{オ レン マン} 久しぶり**
久しぶりでしょう？

【＋α Point】

～でしょ、～だよね？
죠は지요^{チ チョ}の縮約形なので、パンマルにする場合は語幹＋지^チとなります。

例 **힘들지^{ヒ ム ドゥ ル ジ}?**　　○ **힘들다^{ヒ ム ドゥ ル ダ} 大変だ、つらい**
大変でしょ？

114

Point 〜に、〜く、〜するように

動詞・形容詞・存在詞の語幹 + 게（ケ）で、「〜に、〜く、〜するように」という副詞になります。この文型はすべての語幹が共通です。

> すべて の語幹 ＋ 게（ケ）

例 **일본에 가게 됐어요.**
（イルボネ カゲ トゥェッソ ヨ）
日本に行くことになりました。
- 가다（カダ）行く
- 되다（トェダ）なる

例 **행복하게 살아요.**
（ヘンボ カゲ サラ ヨ）
幸せに生きています。
- 행복하다（ヘンボ カダ）幸せだ
- 살다（サルダ）生きる、住む

例 **맛있게 드세요.**
（マ シッ ケ トゥ セ ヨ）
おいしくお召し上がりください。
- 맛있다（マ シッタ）おいしい
- 드시다（トゥ シ ダ）召し上がる

🔊 食事の前のあいさつ。店員さんがお客さんに言うことが多い。

例 **어제 늦게 잤어요.**
（オ ジェ ヌッケ チャッソ ヨ）
昨日遅く寝ました。
- 늦다（ヌッタ）遅い、遅れる
- 자다（チャダ）寝る

例 **크게 말해 주세요.**
（ク ゲ マ レ ジュ セ ヨ）
大きな声で話してください
（大きく話してください）。
- 크다（ク ダ）大きい
- 말하다（マ ラ ダ）話す

🏷 **大好きなアイドルと食べ物をカシャッ**

アイドルのトレーディングカードを持って食べ物と一緒に撮った写真を예절샷（イェジョルシャッ）（礼節ショット）といいます。礼節はマナーという意味で、とあるアイドルファンがSNSで「これがマナー」と言い始めたのが由来だとか。

飛び込んできた衝撃ニュース

너무 충격인데요.
ノ ム チュン ギョ ギン デ ヨ

すごく衝撃なんですけど。

- ☐ ～しています（動作の結果の継続）
- ☐ ～なのですが、～ですね（婉曲）

예린
イェリン

어? 공지 올라왔어요.
オ コン ジ オル ラ ワッ ソ ヨ

お？　公示がアップされました。

헐 탈퇴!?
ホル タル トェ

は、脱退!?

덕친
オタ友

네? 뭐라고요?
ネ ムォ ラ ゴ ヨ

はい？　何ですって？

예린
イェリン

호윤이가 탈퇴해요. 그렇게 쓰여 있어요.
ホ ユ ニ ガ タル トェ ヘ ヨ ク ロ ケ ッス ヨ イッ ソ ヨ

ホユンが脱退します。そう書かれています。

팀명도 바뀌네요. DRM?
ティム ミョン ド バッ クィ ネ ヨ ディ アル エム

グループ名も変わりますね。DRM？

덕친
オタ友

너무 충격인데요.
ノ ム チュン ギョ ギン デ ヨ

すごく衝撃なんですけど。

공지：公示、お知らせ
올라오다：上がってくる
탈퇴하다：脱退する
뭐라고요?：何ですって？
그렇게：そのように、そう

쓰이다：書かれる
팀명：チーム名、グループ名
바뀌다：変わる、替わる
충격：衝撃

Point ～しています（動作の結果の継続）

「書かれています」のように、動作の結果が継続しているときの「～しています」は、語幹＋아/어 있어요です。この文型は語幹の最後の文字の母音に注目。語幹の最後の文字の母音が陽母音（ㅏ、ㅑ、ㅗ）の場合は아 있어요、陰母音（ㅏ、ㅑ、ㅗ以外）の場合は어 있어요がつきます。ただし、타다（乗る）、입다（着る）、신다（履く）、쓰다（かぶる）などの一部の動詞はこの形を使えないので、「（車に）乗っています」などと表すときはP.79で学んだ語幹＋고 있어요を使います。

陽母音の語幹 ＋ 아 있어요.

例 **앉아 있어요.**
座っています。
　앉다 座る

例 **한국에 와 있어요.**
韓国に来ています。
　오다 来る

> 座った状態であるという意味。一方、P.79の語幹＋고 있어요はその動作自体が続いていることを表すため、앉고 있어요とすると「座ろうとしている動作の最中」という意味になってしまうので注意。

陰母音の語幹 ＋ 어 있어요.

例 **안에 들어 있어요.**
中に入っています。
　안 中、内　들다 入る

例 **포스터가 붙어 있어요.**
ポスターが貼ってあります（付いています）。
　붙다 付く

Point 〜なのですが、〜ですね（婉曲）

P.84〜85で学んだ語幹＋**는데/ㄴ데/은데**^{ヌンデ ンデ ウンデ}は、文末に使うと「〜なんだけど、〜だね」という婉曲の表現になります。「〜なのですが、〜ですね」と丁寧な言い方にする場合は、丁寧さを表す**요**をつけて語幹＋**는데요/ㄴ데요/은데요**^{ヌンデヨ ンデヨ ウンデヨ}です。

【動詞・存在詞】

ㄹパッチム以外 の語幹 ＋ **는데요**^{ヌンデヨ}.

例 **오늘 가는데요.**^{オヌル カヌンデヨ}
今日行くのですが。
○ **가다**^{カダ} 行く

例 **자리가 없는데요.**^{チャリ ガ オムヌンデヨ}
席がないのですが。
○ **자리**^{チャリ} 席　○ **없다**^{オプタ} ない

例 **밤 늦게 도착하는데요.**^{パム ヌッケ トチャカヌンデヨ}
夜遅く到着するのですが。
○ **도착하다**^{トチャカダ} 到着する

ㄹパッチム の語幹 ➡ ㄹパッチムを取る^{リウル} ＋ **는데요**^{ヌンデヨ}.

例 **여기 사는데요.**^{ヨ ギ サヌンデヨ}
ここに住んでいるのですが。
○ **살다**^{サルダ} 住む

【形容詞・指定詞】

パッチムなし の語幹 ＋ **ㄴ데요**^{ンデヨ}.

例 **목이 아픈데요.**^{モ ギ ア プンデヨ}
のどが痛いのですが。
○ **목**^{モク} のど、首　○ **아프다**^{ア プダ} 痛い

例 **마지막인데요.**^{マ ジ マギンデヨ}
最後なのですが。
○ **마지막**^{マ ジ マク} 最後

パッチムあり の語幹 ＋ 은데요.

例 **작은데요.**
チャグンデ ヨ
小さいのですが。 ○ 작다 小さい
チャッタ

例 **가고 싶은데요.**
カ ゴ シプンデ ヨ
行きたいのですが。 ○ 가다 行く
カ ダ

> ✎ 語幹＋고 싶어요（〜した
> いです/P.83）と組み合わ
> せた表現もよく使われ
> る。その場合、싶어요の基本形싶
> 다の語幹싶に은데요がつく。

ㄹパッチム の語幹 ➡ ㄹパッチムを取る ＋ ㄴ데요.
リ ウ ル ン デ ヨ

例 **너무 먼데요.**
ノ ム モンデ ヨ
すごく遠いのですが。 ○ 멀다 遠い
モルダ

【＋α Point】

〜だったのですが

過去形の「〜だったのですが」は語幹＋았/었는데요、하다用言の場合は했는데요の形にします。
アン オンスンデ ヨ ハ ダ ハ
ヘンスンデ ヨ

例 **자리가 없었는데요.**
チャ リ ガ オプ ソンスンデ ヨ
席がなかったのですが。

例 **두 개 주문했는데요.**
トゥ ゲ チュ ム ネンヌンデ ヨ
2つ注文したのですが。 ○ 주문하다 注文する
チュ ム ナ ダ

🏷 **アイドルの脱退理由は"ケバケ"**

韓国語の俗語で、「ケースバイケース」の
ことを略して케바케といいます。さらに発
ケ バ ケ
展して、「人による、人それぞれ」という
意味で사바사という言葉も。これは사람
サ バ サ サ ラ ム
바이 사람（人バイ人）を略したものです。
バ イ サ ラ ム

練習問題 ❹

解答はP.173

Episode16 〜 20で学んだ内容を練習問題でおさらい！

日本語文の意味と合うように、下線部分に韓国語を書きましょう。

❶ 今出発したらいつ到着しますか？

出発する：출발하다　〜たら：면/으면

지금 _____ 언제 도착해요?

❷ これだけあればいいです。　　ある：있다　〜すればいいです：면/으면 돼요

이것만 _____ _____.

❸ ゴミを捨ててはいけません。

捨てる：버리다　〜してはいけません：면/으면 안 돼요

쓰레기를 _____ ____ _____.

❹ ハンビン！　こっち見て！　　ハンビン (名前)：한빈　パンマルの呼びかけ：야/아

_____! 여기 봐!

❺ ごはん食べた？　　食べましたか？：먹었어요?

밥 _____

❻ 今何してる？　　何していますか？：뭐 해요?

지금 ____ _____

❼ 公演会場が遠いのでタクシーに乗りました。

遠い：멀다　〜なので：아서/어서

공연장이 _____ 택시를 탔어요.

❽ 猫が好きなので飼いたいです。　　好む：좋아하다　〜なので：아서/어서

고양이를 _____ 키우고 싶어요.

❾ 今年20歳になります。　　20歳：스무 살　〜になります：가/이 돼요

올해 스무 살____ _____.

⑩ 地下鉄が早いから地下鉄で行きましょう。

早い、速い：빠르다　〜だから：니까/으니까

지하철이 _____ **지하철로 가요.**

⑪ 時間がたくさんあるから(多いから)ゆっくり食べましょう。多い：많다　〜だから：니까/으니까

시간이 _____ **천천히 먹어요.**

⑫ 動画を撮らないでください。　　　　撮る：찍다　〜しないでください：지 마세요

동영상을 _____ _____.

⑬ クレジットカードだけ使えます。　　使う：쓰다　〜できます：ㄹ/을 수 있어요

신용 카드만 ____ ____ _____.

⑭ 試験があって遊べません。　　　使う：놀다　〜できません：ㄹ/을 수 없어요

시험이 있어서 ____ ____ _____.

⑮ 振り付けが難しくありません。　　難しい：어렵다　〜くありません：지 않아요

안무가 _____ _____.

⑯ この歌、かっこいいでしょう？　　かっこいい：멋있다　〜でしょう：죠

이 노래 _____

⑰ セール期間に安く買いました。　　安い：싸다　〜く：게

세일 기간에 _____ **샀어요.**

⑱ 店の前に立っています。　　　立つ：서다　〜しています：아/어 있어요

가게 앞에 _____ _____.

⑲ 化粧水を探しているのですが。

探す：찾다　〜している：고 있다　〜なのですが：는데/ㄴ데/은데요

토너를 _____ _____.

⑳ 荷物を預けたいのですが。

預ける：맡기다　〜したい：고 싶다　〜なのですが：는데/ㄴ데/은데요

짐을 _____ _____.

疑問詞のまとめ

これまでに学んだ疑問詞と、そのほかによく使う疑問詞を確認しましょう。

意 味	疑問詞	例 文
何	뭐 (무엇) ムォ　ムォッ	이게 뭐예요? イ ゲ ムォ エ ヨ （これは何ですか？）
何（数を尋ねる）	몇 ミョッ	몇 살이에요? ミョッ サ リ エ ヨ （何歳ですか？）
何の	무슨 ム スン	무슨 색이에요? ム スン セ ギ エ ヨ （何色ですか？）
どこ	어디 オ ディ	집이 어디예요? チ ビ オ ディ エ ヨ （家はどこですか？）
誰	누구 ヌ グ	누구예요? ヌ グ エ ヨ （誰ですか？）
なぜ	왜 ウェ	왜요? ウェ ヨ （なぜですか？）
いつ	언제 オンジェ	생일이 언제예요? センイ リ オンジェ エ ヨ （誕生日はいつですか？）
どの	어느 オ ヌ	어느 정도예요? オ ヌ チョンド エ ヨ （どのくらいですか？）
いくら	얼마 オル マ	이거 얼마예요? イ ゴ オル マ エ ヨ （これ、いくらですか？）
どのように	어떻게 オ ット ケ	성함이 어떻게 되세요? ソンハ ミ オットケ トェセ ヨ （お名前はどのようになりますか？） ＊丁寧に名前を尋ねるフレーズ
どんな	어떤 オ ットン	어떤 음식이에요? オットン ウム シ ギ エ ヨ （どんな食べ物ですか？）

呼称のまとめ

家族や周りの人の呼び名をまとめました。

意味	丁寧	カジュアル
私	저 ^{チョ}	나 ^ナ
私たち	저희 ^{チョヒ}	우리 ^{ウリ}
あなた、おまえ	당신 ^{タンシン}	너 ^ノ
お母さん	어머니 ^{オモニ}	엄마 ^{オムマ}
お父さん	아버지 ^{アボジ}	아빠 ^{アッパ}
お姉さん	언니 ^{オンニ}（女性から見て） 누나 ^{ヌナ}（男性から見て）	
お兄さん	오빠 ^{オッパ}（女性から見て） 형 ^{ヒョン}（男性から見て）	
妹	여동생 ^{ヨドンセン}	
弟	남동생 ^{ナムドンセン}	
おばあさん	할머니 ^{ハルモニ}	
おじいさん	할아버지 ^{ハラボジ}	
叔母さん・伯母さん	이모 ^{イモ}（母方） 고모 ^{コモ}（父方）	
叔父さん・伯父さん	삼촌 ^{サムチョン}	

助詞**가**（〜が）がつくと、それぞれ**제가**（丁寧）、**내가**（カジュアル）となる。

당신は主に夫婦間やケンカのときに用い、目上の人に使うと失礼なので注意。また、**너**に助詞**가**（〜が）がつくと、**네가**となるが、話し言葉では**니가**を使うことが多い。

「お姉さん」「お兄さん」にあたる言葉は、血縁関係のない親しい相手にもよく使われる。

「妹」「弟」は性別を限定しない**동생**だけでもよく使う。**동생**は血縁関係のない親しい年下の人のことを指すこともある。

＊血縁関係があることをはっきりさせる場合は、それぞれに**친**（親）をつける。
例 **친언니**（実のお姉さん）

Episode **21**

不動産屋への電話

카페를 열려고 해요.

カ ペ ルル ヨル リョ ゴ ヘ ヨ

カフェを開こうと思います。

☐ 電話で使えるフレーズ ☐ ～しようと思います、～しようとします
☐ ～なので、～するので（原因・理由）

직원
スタッフ

여보세요? 드림 부동산입니다.
ヨ ボ セ ヨ　　トゥ リム　ブ ドン サ ニム ニ ダ

もしもし？　　ドリーム不動産です。

수아
スア

카페를 열려고 해요.
カ ペ ルル　ヨル リョ ゴ　ヘ ヨ

カフェを開こうと思います。

상암동 상가 볼 수 있어요?
サン アム ドン サン ガ　ボル ス イッ ソ ヨ

上岩洞の商店街、見ることはできますか？

직원
スタッフ

네. 언제 오세요?
ネ　オン ジェ オ セ ヨ

はい。いつ、いらっしゃいますか？

수아
スア

이번 주 일요일이요.
イ ボン チュ イ リョ イ リ ヨ

今週の日曜日です。

직원
スタッフ

그 날은 휴무이기 때문에…. 토요일은 어떠세요?
ク ナ ルン ヒュ ム イ ギ ッテ ム ネ　　ト ヨ イ ルン オッ ト セ ヨ

その日は休みなので…。土曜日はいかがですか？

チ グォン
직원：職員、スタッフ
ヨ ボ セ ヨ
여보세요?：もしもし?
サンアムドン
상암동：上岩洞(サンアムドン)　＊ソウル市
内の地名の一つ

サン ガ
상가：商店街
ヒュ ム
휴무：休業、休み　＊会社や店の休みのこと
オッ セ ヨ
어떠세요?：いかがですか？　＊어때요?
をさらに丁寧にした表現

Check 》》 電話で使えるフレーズ

여보세요?（もしもし?）以外にも便利なフレーズをチェック！

ヌ グ セ ヨ
누구세요?

どちらさまですか？

知らない番号から電話がかかってきたときに使える一言。

マ ジュ セ ヨ
○○ 맞으세요?

○○ですか？

直訳は「○○合っていらっしゃいますか？」。○○には名前や店名を入れて。

チョンチョ ニ　マ レ ジュ シ ゲッ ソ ヨ
천천히 말해 주시겠어요?

ゆっくり話していただけますか？

相手の話す速度が速くて聞き取れないときに、こう言ってみよう。

チ グム　トン ファ クェンチャ ヌ セ ヨ
지금 통화 괜찮으세요?

今、電話大丈夫ですか？

トンファ
통화は「通話」という意味。相手の都合を確認したいときに。

ヨ ッチュォボル　ケ　インスンデ ヨ
여쭤볼 게 있는데요.

お伺いしたいことがあるんですが。

用件を言う前置きの一言。

イェ ヤ カ ゴ　シ ブン デ ヨ
예약하고 싶은데요.

予約したいんですが。

お店の予約をしたいときに使える一言。

トゥル リ セ ヨ
들리세요?

聞こえますか？

電波が悪いときに。「聞こえます」は들려요、
トゥルリョ
「聞こえません」は안 들려요。
アン ドゥルリョ ヨ

ック ヌル ケ ヨ
끊을게요.

切りますね。

韓国では「切る」と言ってから電話を切ることが多い。

トゥ ロ ガ セ ヨ
들어가세요.

お切りください。

直訳は「(家に)お入りください」。別れのあいさつで、対面でも使う。

ネ
네~.

はい～。

こう言いながら電話を切るのが一般的。ため口では어~や응~と言う。
タ　　　　ウン

Point 〜しようと思います、〜しようとします

意向を表す「〜しようと思います、〜しようとします」は、**語幹＋려고/으려고**
リョゴ　ウリョゴ
해요です。この文型は語幹の最後の文字のパッチムに注目。語幹の最後の文
ヘョ
字にパッチムがない場合とパッチムが**ㄹ**の場合は**려고 해요**、パッチムがある
リョゴ ヘョ
場合は**으려고 해요**をつけます。
ウリョゴ ヘョ

パッチムなし/ㄹパッチム の語幹 ＋ **려고 해요.**
リョゴ ヘョ

例 カン シ グル サ リョ ゴ ヘ ヨ
간식을 사려고 해요.
おやつを買おうと思います。

カンシク
간식 おやつ

サ ダ
사다 買う

例 バン ジ ルル マンドゥル リョ ゴ ハ ヌン デ ヨ
반지를 만들려고 하는데요.
指輪を作ろうと思うのですが。

✏ 語幹＋**는데요**（〜なので
すが／P.118）と組み合
わせて、語幹＋**려고 하
는데요**（〜しようと思うのです
が）の形でもよく使われる。

マンドゥル ダ
만들다 作る

パッチムあり の語幹 ＋ **으려고 해요.**
ウリョゴ ヘョ

例 バ ブル モ グ リョ ゴ ヘ ヨ
밥을 먹으려고 해요.
ごはんを食べようと思います。

モ クタ
먹다 食べる

Point 〜なので、〜するので（原因・理由）

原因・理由を表す「〜なので、〜するので」は、**語幹＋기 때문에**です。この文
キッテ ム ネ
型はすべての語幹が共通です。名詞をつける場合は、指定詞**이다**の語幹**이**を
イ ダ イ
つけて名詞＋**이기 때문에**となり、名詞の最後の文字にパッチムがない場合は
イ ギッテ ム ネ
이が省略されて名詞＋**기 때문에**となります。過去形をつけることはできます
イ キッテ ム ネ
が、後ろに勧誘・命令の文はきません。P.106〜107で学んだ語幹＋**아서/어**
ア ソ オ
서も同じく原因・理由を表しますが、語幹＋**기 때문에**はより論理的・説明的
ソ キッテ ム ネ
に述べる印象があります。

すべて の語幹 **＋ 기 때문에**
_{キ ッテ ム ネ}

例 **약속이 있기 때문에 먼저 가요.**
_{ヤク ソ ギ イッ キ ッテ ム ネ モン ジョ カ ヨ}

約束があるので先に行きます。

○ 있다 ある
_{イッ タ}

【名詞につける場合】

パッチムなし の名詞 **＋ 기 때문에**
_{キ ッテ ム ネ}

例 **대식가기 때문에 다 먹을 수 있어요.**
_{テ シク カ ギ ッテ ム ネ タ モ グル ス イッ ソ ヨ}

大食いなので全部食べられます。

○ 대식가 大食い
_{テ シク カ}

パッチムあり の名詞 **＋ 이기 때문에**
_{イ ギ ッテ ム ネ}

EP・21／不動産屋への電話

例 **내일 시험이기 때문에 공부해요.**
_{ネ イル シ ホ ミ ギ ッテ ム ネ コン ブ ヘ ヨ}

明日試験なので勉強します。

○ 시험 試験
_{シ ホム}

【＋α Point】

～のせいで、～なので

名詞のあとに**때문에**を置くと「～のせいで」「～なので」という意味になります。
_{ッテ ム ネ}

例 **비 때문에 취소됐어요.**
_{ビ ッテ ム ネ チュィ ソ ドェッ ソ ヨ}

雨のせいで中止になりました。

○ 취소되다 取り消される、中止される
_{チュィ ソ ド エ ダ}

例 **일 때문에 한국에 갔어요.**
_{イル ッテ ム ネ ハン グ ゲ カッ ソ ヨ}

仕事で韓国に行きました。

○ 일 仕事、こと
_{イル}

🏷 子どもは入れない"No Kids Zone"!?

ここ数年、韓国で論争が起こっているのが**노키즈존**問題。**노키즈존**とは「No
_{ノ キ ジュジョン} _{ノ キ ジュジョン}

Kids Zone」のことで、騒音や安全性などへの懸念から、赤ちゃんや子ども

の入店お断りを明示しているカフェ、レストランのことを指します。子ど

もの権利侵害だという声も大きく、反対に子どもを歓迎する**예스키즈존**（Yes
_{イェ ス キ ジュジョン}

Kids Zone）であることをアピールするお店も増えています。

⊕ 商業ビルやマンションの下にある商業フロアのことも**상가**と呼びます。　**127**

物件の内見へ

고장 나서 지금 못 써요.
コジャン ナソ チグム モッ ッソ ヨ

故障していて今使えません。

🔊 ep 22

☐ ～する…、～している…（動詞・存在詞の現在連体形）
☐ ～できません　☐ ～しなければいけません

수아
スア

여기 마음에 들어요.
ヨ ギ マ ウ メ トゥ ロ ヨ

ここ、気に入りました。

화장실이 안에 있는 점도 좋고….
ファジャン シ リ ア ネ インヌン チョム ド チョコ

トイレが中にある点もいいし…。

직원
スタッフ

근데 고장 나서 지금 못 써요.
クン デ コジャン ナ ソ チ グム モッ ッソ ヨ

でも、故障していて今使えません。

수아
スア

공사해야 돼요?
コン サ ヘ ヤ ドェ ヨ

工事しなければいけませんか？

직원
スタッフ

네. 그래도 여기가 역도 가깝고 조건이 좋아요.
ネ クレ ド ヨ ギ ガ ヨッ ト カッカプ コ チョコ ニ チョ ア ヨ

はい。でも、ここが駅も近いし条件がいいです。

수아
スア

흠…. 좀 더 생각해 볼게요.
フム チョム ド センガ ケ ボルケ ヨ

ふむ…。もう少し考えてみます。

화장실：トイレ

안：中、内

점：点

근데：でも、ところで

고장：故障

나다：出る、生じる ＊고장 나다で「故障する、壊れる」という意味

지금：今

쓰다：使う ＊으変則用言(P.69)

공사하다：工事する

그래도：それでも、そうしても

역：駅

가깝다：近い

조건：条件 ＊発音は〔조껀〕

흠：ふむ ＊考えているときの感嘆詞

좀：少し

더：もっと、一層

생각하다：考える

Point 〜する…、〜している…（動詞・存在詞の現在連体形）

「歌う人」の「歌う」のように、名詞を修飾する形を連体形といいます。動詞と存在詞、形容詞と指定詞でそれぞれ作り方が異なるので、まず動詞と存在詞の連体形を学びましょう。「現在そうであること」を表す現在連体形は、語幹＋**는**です。この文型はすべての語幹が共通。ただし、語幹の最後の文字のパッチムが**ㄹ**の場合は、**ㄹ**パッチムを取ってから**는**をつけます。

ㄹパッチム以外 の語幹 ＋ **는**

例 **사랑하는 사람**
愛する人
사랑하다 愛する

例 **재미있는 드라마**
面白いドラマ
재미있다 面白い

ㄹパッチム の語幹 ➡ **ㄹ**パッチムを取る ＋ **는**

例 **사는 집**
暮らしている家
살다 暮らす、生きる

129

Point ～できません

動詞や存在詞**있다**（イッタ）の前に**못**（モッ）を置くと、「～できません」という不可能を表す形になります。置き方は**안**（アン）（～ません、～ではありません／P.60）と同じです。

> **못**（モッ） ＋ 動詞・存在詞**있다**（イッタ）のヘヨ体

例 **못 사요.**（モッ サ ヨ）
買えません。　　**사다**（サ ダ）買う

例 **못 믿어요.**（モン ミ ド ヨ）
信じられません。　　**믿다**（ミッタ）信じる

💬 **못**と**믿**の間に鼻音化（P.26）が起こり、[**몬미더요**]と発音される。

ただし、**하다**（ハ ダ）用言（**하다**（ハ ダ）がつく動詞・形容詞）のうち、**하다**（ハ ダ）とその前の名詞を切り離せる動詞の場合は、**하다**（ハ ダ）と名詞の間に**못**（モッ）を入れて、**하다**（ハ ダ）を**해요**（ヘ ヨ）の形にします。

> 名詞部分 ＋ **못**（モ） ＋ **해요.**（テ ヨ）

例 **요리하다**（ヨ リ ハ ダ）
料理する

✏️ 名詞と**하다**が切り離せるかは、「する」の前に「を」を入れられるかどうかで判別するとわかりやすい。
例 **요리하다**（料理する）→**요리를 하다**（料理をする）

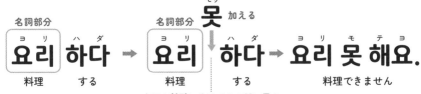

名詞部分　　　　　　　　　　名詞部分　**못**（モッ）加える

요리（ヨ リ） **하다**（ハ ダ） → **요리**（ヨ リ） **하다**（ハ ダ） → **요리 못 해요.**（ヨ リ モ テ ヨ）
料理　　する　　　　　料理　　する　　　　　料理できません

名詞と**하다**に分けてその間に**못**を入れ、**하다**を해요にする

また、語幹＋**지 못해요**（チ モ テ ヨ）も同様に「～できません」という意味になります。

> **すべて** の語幹 ＋ **지 못해요.**（チ モ テ ヨ）

例 **내일은 가지 못해요.**（ネ イ ルン カ ジ モ テ ヨ）
明日は行けません。　　**가다**（カ ダ）行く

Point ～しなければいけません

義務を表す「～しなければいけません」は、語幹＋**アオヤヘヨドェヨ 아/어야 해요/돼요**です。**해요**と**돼요**どちらを使っても意味は変わりません。この文型は語幹の最後の文字の母音に注目。語幹の最後の文字の母音が陽母音（ㅏ、ㅑ、ㅗ）の場合は**아야 해요/돼요**、陰母音（ㅏ、ㅑ、ㅗ以外）の場合は**어야 해요/돼요**をつけます。語幹の最後の文字にパッチムがない場合は母音が縮約し、**하다**用言の場合は**하다**を**해야 해요/돼요**の形にします。

> **陽母音** の語幹 ＋ **ア ヤ ヘ ヨ ドェ ヨ 아야 해요/돼요.**

例 **イ ゴン サ ヤ ドェ ヨ 이건 사야 돼요.**　　　○ **サ ダ 사다** 買う
これは買わなければいけません。

> **陰母音** の語幹 ＋ **オ ヤ ヘ ヨ ドェ ヨ 어야 해요/돼요.**

例 **チェ ソ ド モ ゴ ヤ ヘ ヨ 채소도 먹어야 해요.**　　　○ **モク タ 먹다** 食べる
野菜も食べなければいけません。

> **하다用言** の하다 ➡ **ヘ ヤ ヘ ヨ ドェ ヨ 해야 해요/돼요.**

例 **ヨル シ ミ コン ブ ヘ ヤ ドェ ヨ 열심히 공부해야 돼요.**　　　○ **コン ブ ハ ダ 공부하다** 勉強する
一生懸命勉強しなければいけません。

◇ 店の外にあるトイレに注意！

韓国の飲食店はビル内の共同トイレを使うことが多く、店頭にある鍵やレシートなどに書かれている暗証番号で中に入ることができます。男女共用で暗い場所にあることもあるので、利用の際は気をつけて。

⊕ **무조건**（無条件）という言葉も「絶対に」「何がなんでも」という意味でよく使われます。　　131

ミニョクへの報告

제가 도와 드릴까요?
チェ ガ トワ ドゥ リル ッカ ヨ

僕がお手伝いしましょうか?

☐ 感謝を表すフレーズ　　☐ ～してさしあげます、お～いたします
☐ ～でしょうか?、～しましょうか?

수아
スア

> チョ ブ ドンサン ケ ヤ ケッソ ヨ
> # 저 부동산 계약했어요.
> 私、不動産契約しました。

민혁
ミニョク

> チョンマル リョ　チュ カ ヘ ヨ
> # 정말요? 축하해요!
> 本当ですか?　おめでとう!
> ック ムル　イ ルォン ネ ヨ
> # 꿈을 이뤘네요.
> 夢を叶えましたね。

수아
スア

> ア ジク オ ブン チュン ビ ルル　マ ニ ヘ ヤ ドェ ヨ
> # 아직 오픈 준비를 많이 해야 돼요.
> まだオープン準備をたくさんしなければいけません。

민혁
ミニョク

> チェ ガ トワ ドゥ リル ッカ ヨ
> # 제가 도와 드릴까요?
> 僕がお手伝いしましょうか?

수아
スア

> ヌル　コ マ ウォ ヨ
> # 늘 고마워요.
> いつもありがとう。

계약하다 : 契約する
축하하다 : 祝う
이루다 : なす、果たす
아직 : まだ
오픈 : オープン
준비 : 準備

많이 : たくさん、いっぱい
제가 : 私が、わたくしが
돕다 : 助ける、手伝う ＊ㅂ変則用言 (P.72)
늘 : いつも
고맙다 : ありがたい

Check ≫ 感謝を表すフレーズ

基本の감사합니다、고마워요を覚えたら、こんな表現もチェック！

진심으로 감사드립니다.

心から感謝申し上げます。

감사드립니다は最もフォーマルな「ありがとうございます」の言い方。

감사해요.

ありがとう。

감사합니다のヘヨ体。고마워요と同じく丁寧でやわらかい言い方。

대단히 감사합니다.

誠にありがとうございます。

대단히は「非常に」という意味の副詞で、フォーマルな印象。

진짜 고마워.

ほんとにありがとう。

진짜は「本当に」のカジュアルな言い方。고마워はくだけた口調の「ありがとう」。

고맙습니다.

ありがとうございます。

고마워요のハムニダ体。감사합니다と違いはほぼないが、ややややわらかい印象。

정말 감사합니다.

本当にありがとうございます。

정말は「本当に」。後ろにくる言葉を強調するときに使える副詞。

항상 고마워요.

いつもありがとう。

항상は「いつも」という意味の副詞。늘と同じように使える。

너무너무 고마워.

ものすごくありがとう。

너무너무は너무 (とても) をさらに強調したカジュアルな表現。

133

Point ～してさしあげます、お～いたします

目上の人や敬語で話す相手のために何かすることを表す「～してさしあげます、お～いたします」は、語幹＋**아/어 드려요**です。この文型は語幹の最後の文字の母音に注目。語幹の最後の文字の母音が陽母音（ㅏ、ㅑ、ㅗ）の場合は**아 드려요**、陰母音（ㅏ、ㅑ、ㅗ以外）の場合は**어 드려요**をつけます。語幹の最後の文字にパッチムがない場合は母音が縮約し、**하다**用言の場合は**하다**を**해 드려요**の形にします。**드려요**の基本形は**드리다**（差し上げる）で、**주다**（くれる）の謙譲語にあたります。語尾を**ㄹ게요**（～しますね、～しますよ／P.72）や**겠어요**（～するつもりです／P.97）、**겠습니다**（겠어요のハムニダ体）、**ㄹ까요?**（～しましょうか？／P.135）にして使うことも多いです。

陽母音の語幹 ＋ **아 드려요.**

例 **봉투에 담아 드려요.**
袋にお入れします。

> **담다** 盛る、収める、入れる

例 **제가 밥 사 드릴게요.**
私がごはんをごちそうしてさしあげますよ。

> 💬 **사다**(買う)は「ごちそうする、おごる」という意味もある。

陰母音の語幹 ＋ **어 드려요.**

例 **일본어를 가르쳐 드려요.**
日本語を教えてさしあげます。

> **가르치다** 教える

例 **문 열어 드려요?**
ドア開いてさしあげましょうか？

> **열다** 開く

하다用言の하다 ➡ **해 드려요.**

例 **여기에 사인해 드려요.**
ここにサインしてさしあげます。

> **사인하다** サインする

Point ～でしょうか?、～しましょうか?

相手の意見を聞いたり、提案したりする「～でしょうか?、～しましょうか?」は、語幹 + ㄹ까요?/을까요?です。この文型は語幹の最後の文字のパッチムに注目。語幹の最後の文字にパッチムがない場合はㄹ까요?、パッチムがある場合は을까요?、パッチムがㄹの場合はㄹパッチムを取ってからㄹ까요?をつけます。

パッチムなし の語幹 + ㄹ까요?

例 **이따가 만날까요?**
イッタガ マンナルッカヨ
あとで会いましょうか?

이따가 あとで
イッタガ

만나다 会う
マンナダ

パッチムあり の語幹 + 을까요?

例 **점심 뭘 먹을까요?**
チョムシム ムォル モグルッカヨ
昼食何を食べましょうか?

뭘 何を
ムォル

먹다 食べる
モクタ

＊무엇을の縮約形

ㄹパッチム の語幹 ➡ ㄹパッチムを取る + ㄹ까요?

例 **주말에 푸딩 만들까요?**
チュマ レ ブディン マンドゥルッカヨ
週末にプリン作りましょうか?

푸딩 プリン
ブディン

만들다 作る
マンドゥル ダ

🏷 韓国語で「節約術」「ポイ活」って?

物価上昇の影響で、韓国の若者の間で広まっているのが 짠테크。짠돌이(ケチ)と재테크(財テク)を組み合わせた言葉で「節約術」を指します。お小遣いアプリで稼ぐ앱테크(アプリテク、ポイ活)も人気です。

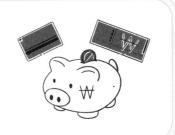

⊕ 日本語で「～してあげる／さしあげる」は恩着せがましい印象ですが、韓国語では自然な表現。　**135**

Episode 24

スアが退社する日

사실 카페를 운영할 거예요.
実はカフェを運営するつもりです。

ep 24

☐ ～でしょう、～と思います、～するつもりです
☐ ㄷ変則用言　☐ 르変則用言

선배
先輩

그동안 고생 많으셨어요.
今までお疲れさまでした（今まで苦労が多かったです）。

수아
スア

신세 많이 졌습니다.
とてもお世話になりました。

선배
先輩

앞으로 계획이 있어요?
今後の計画はありますか？

수아
スア

사실 카페를 운영할 거예요.
実はカフェを運営するつもりです。

선배
先輩

몰랐어요. 오픈하면 한번 불러 주세요.
知らなかったです。オープンしたら一度呼んでください。

수아
スア

그럼요. 망원역에서 걸어서 5분 거리예요.
もちろんです。望遠駅から歩いて5分の距離です。

<ruby>그<rt>ク</rt>동<rt>ドン</rt>안<rt>アン</rt></ruby>：その間、今まで

<ruby>고<rt>コ</rt>생<rt>セン</rt></ruby>：苦労 ＊고생 많으셨어요で「お疲れさまでした」とねぎらう意味

<ruby>많<rt>マン</rt>다<rt>タ</rt></ruby>：多い

<ruby>신<rt>シン</rt>세<rt>セ</rt></ruby>：世話、厄介

<ruby>지<rt>チ</rt>다<rt>ダ</rt></ruby>：なる、生じる ＊신세(를) 지다で「お世話になる、厄介をかける」という意味

<ruby>계<rt>ケ</rt>획<rt>フェク</rt></ruby>：計画

<ruby>사<rt>サ</rt>실<rt>シル</rt></ruby>：実は

<ruby>운<rt>ウン</rt>영<rt>ニョン</rt>하<rt>ハ</rt>다<rt>ダ</rt></ruby>：運営する

<ruby>모<rt>モ</rt>르<rt>ル</rt>다<rt>ダ</rt></ruby>：知らない ＊르変則用言(P.139)

<ruby>부<rt>プ</rt>르<rt>ル</rt>다<rt>ダ</rt></ruby>：呼ぶ ＊르変則用言(P.139)

<ruby>망<rt>マン</rt>원<rt>ウォン</rt>역<rt>ニョク</rt></ruby>：望遠駅 ＊ソウル市内の駅名。망원と역の間に∟[n]の挿入(P.27)が起きて、発音は[망원녁]となる

<ruby>걷<rt>コッ</rt>다<rt>タ</rt></ruby>：歩く ＊ㄷ変則用言(P.138)

<ruby>거<rt>コ</rt>리<rt>リ</rt></ruby>：距離

Point　～でしょう、～と思います、～するつもりです

推量を表す「～でしょう」「～と思います」や、意志を表す「～するつもりです」は、語幹＋ㄹ/을 <ruby>거예요<rt>コエヨ</rt></ruby>です。この文型は語幹の最後の文字のパッチムに注目。語幹の最後の文字にパッチムがない場合はㄹ <ruby>거예요<rt>コエヨ</rt></ruby>、パッチムがある場合は을 <ruby>거예요<rt>コエヨ</rt></ruby>、パッチムがㄹの場合はㄹパッチムを取ってからㄹ <ruby>거예요<rt>コエヨ</rt></ruby>をつけます。

パッチムなし の語幹 ＋ <ruby>ㄹ<rt>ル</rt></ruby> <ruby>거<rt>コ</rt>예<rt>エ</rt>요<rt>ヨ</rt></ruby>.

例 <ruby>다<rt>タ</rt> 잘<rt>チャル</rt>될<rt>ドェル</rt> 거<rt>コ</rt>예<rt>エ</rt>요<rt>ヨ</rt></ruby>.
全部上手くいくでしょう。

<ruby>잘되다<rt>チャルドェダ</rt></ruby> 上手くいく

この文型の거예요は濁らず[꺼예요(コエヨ)]と発音する。

パッチムあり の語幹 ＋ <ruby>을<rt>ウル</rt></ruby> <ruby>거<rt>コ</rt>예<rt>エ</rt>요<rt>ヨ</rt></ruby>.

例 <ruby>여<rt>ヨ</rt>름<rt>ルム</rt>에<rt>エ</rt> 입<rt>イ</rt>을<rt>ブル</rt> 거<rt>コ</rt>예<rt>エ</rt>요<rt>ヨ</rt></ruby>.
夏に着るつもりです。

<ruby>입다<rt>イプタ</rt></ruby> 着る

ㄹパッチム の語幹 ➡ <ruby>ㄹ<rt>リウル</rt></ruby>パッチムを取る ＋ <ruby>ㄹ<rt>ル</rt></ruby> <ruby>거<rt>コ</rt>예<rt>エ</rt>요<rt>ヨ</rt></ruby>.

例 <ruby>폰<rt>ポン</rt>케<rt>ケ</rt>이<rt>イ</rt>스<rt>ス</rt> 만<rt>マン</rt>들<rt>ドゥル</rt> 거<rt>コ</rt>예<rt>エ</rt>요<rt>ヨ</rt></ruby>.
スマホケース作るつもりです。

<ruby>만들다<rt>マンドゥルダ</rt></ruby> 作る

Point ㄷ変則用言

語幹がパッチム**ㄷ**で終わる一部の動詞には変則的に活用するものがあり、これを**ㄷ**変則用言といいます。**ㄷ**変則用言は**으**または**아/어**で始まる語尾につくときに、パッチムの**ㄷ**が**ㄹ**に変化します。

ㄷ変則用言 の語幹 ＋ **으세요** ➡ パッチムの **ㄷ** が **ㄹ** に変化

例 **듣다**
聞く

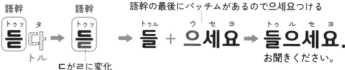

語幹の最後にパッチムがあるので으세요つける

듣다 ➡ 듣 ➡ 들 ＋ 으세요 ➡ 들으세요.
ㄷがㄹに変化　　　　　　　　　お聞きください。

ㄷ変則用言 の語幹 ＋ **아요/어요** ➡ パッチムの**ㄷ**が**ㄹ**に変化

例 **깨닫다**
気づく、悟る

語幹の最後の母音が ┠ なので아요をつける

깨닫다 ➡ 깨닫 ➡ 깨달 ＋ 아요 ➡ 깨달아요.
ㄷがㄹに変化　　　　　　　　気づきます。

例 **걷다**
歩く

語幹の最後の母音が ┤ なので어요をつける

걷다 ➡ 걷 ➡ 걸 ＋ 어요 ➡ 걸어요.
ㄷがㄹに変化　　　　　　　　歩きます。

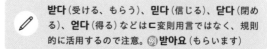

받다（受ける、もらう）、**믿다**（信じる）、**닫다**（閉める）、**얻다**（得る）などは**ㄷ**変則用言ではなく、規則的に活用するので注意。例 **받아요**（もらいます）

語幹が르で終わる動詞・形容詞を르変則用言といいます*。르変則用言は**아/어**で始まる語尾につくときに**르**が**ㄹㄹ**に変化し、**르**の直前の母音が陽母音（**ㅏ**、**ㅑ**、**ㅗ**）の場合は**ㄹ라**、陰母音（**ㅏ**、**ㅑ**、**ㅗ**以外）の場合は**ㄹ러**となります。

르変則用言 の語幹 ＋ **아요/어요** ➡ **르**が**ㄹㄹ**に変化

● 르の前が陽母音の場合

例 **모르다** 知らない、わからない

語幹		語幹	ㄹと아が合体する	
모르다	➡	**모르**	➡ 몰ㄹ ＋ 아요	➡ **몰라요.**

르가ㄹㄹに変化　　르の直前の母音がㅗなので아요をつける

知りません。
わかりません。

● 르の前が陰母音の場合

例 **부르다** 呼ぶ

語幹		語幹	ㄹと어が合体する	
부르다	➡	**부르**	➡ 불ㄹ ＋ 어요	➡ **불러요.**

르がㄹㄹに変化　　르の直前の母音がㅜなので어요をつける

呼びます。

***따르다**（従う）、**치르다**（支払う）などは르変則用言でなく으変則用言（P.69）、**이르다**（至る）などは러変則用言（P.169）なので注意。例**따라요**（従います）

🏷 **推しとおそろいの"ソンミンステム"**

他人のファッションなどを真似することを
손민수と言います。これは何でも主人公の
真似をする、あるウェブ漫画の登場人物の
名前が由来。真似して買いたくなる芸能人
などの持ち物は손민수템と言います。

ミニョクからの告白

처음 만난 날부터….
チョ ウム　マン ナン　ナル ブ トゥ

初めて会った日から…。

☐ 感情を表すフレーズ　☐ 〜するはずだから、〜だろうから、
〜する（つもりだ）から　☐ 〜した…（動詞の過去連体形）

민혁
ミニョク

이제 자주 못 보네요. 섭섭해요.
イ ジェ　チャジュ　モッ　ポ ネ ヨ　ソプ ソ ペ ヨ

もうあまり会えませんね。寂しいです。

수아
スア

자주 연락할테니까….
チャジュ　ヨル ラ カル テ ニッカ

頻繁に連絡しますから…。

민혁
ミニョク

그래도 돼요? 저 수아 씨 많이 좋아해요.
ク レ ド　トェ ヨ　チョ　ス ア　ッシ　マ ニ　チョ ア ヘ ヨ

そうしてもいいですか？　僕、スアさんがすごく好きです。

처음 만난 날부터….
チョ ウム　マン ナン　ナル ブ トゥ

初めて会った日から…。

수아
スア

저도 민혁 씨가 좋아요.
チョ ド　ミ ニョク　ッシ ガ　チョ ア ヨ

私もミニョクさんが好きです。

민혁
ミニョク

그럼 우리 만나 볼까요?
ク ロム　ウ リ　マン ナ　ボル カ ヨ

じゃあ、僕たち付き合ってみましょうか？

イ ジェ
이제：これから、今や

ソプ ソプ バ ダ
섭섭하다：寂しい

ヨル ラ カ ダ
연락하다：連絡する

チョ ウム
처음：初めて

マン ナ ダ
만나다：会う ＊「交際する」という意味も持つ

ク ロム
그럼：それでは、じゃあ

Check ≫ 感情を表すフレーズ

「嬉しい」「寂しい」など、自分の気持ちを伝えてみましょう。

キ ッ ポ ヨ
기뻐요.

嬉しいです。

基本形は으変則用言 (P.69) の기쁘다。
キ ッ プ ダ
嬉しいことがあったときに。

シン ナ ヨ
신나요.

楽しいです。

基本形은신나다で動詞扱い。「ワクワクする、ウキウキする」というニュアンス。

キ ブ ニ チョ ア ヨ
기분이 좋아요.

気分がいいです。

「嬉しい、幸せだ」というようなニュアンスで
チョ ア ヨ
使えるフレーズ。좋아요だけでも同様の意味。

ア シュィ ウォ ヨ
아쉬워요.

残念です。

基本形は ㅂ変則用言 (P.72) の아쉽다。
ア シュィプ タ
「名残惜しい」という意味もある。

ファ ナ ヨ
화나요.

腹が立ちます。

基本形은화나다。화は漢字だと「火」で「怒
ファ ナ ダ ファ
り」の意味なので、直訳すると「怒りが出
る」。怒ったときに。

チュル ゴ ウォ ヨ
즐거워요.

楽しいです。

基本形は ㅂ変則用言 (P.72) の즐겁다。
チュル ゴ ウォッ ショ チュル ゴプ タ
過去形の즐거웠어요もよく使う。

ソル レ ヨ
설레요.

ときめきます。

基本形은설레다で、「ときめく、キュンと
ソル レ ダ
する」という意味。

スル ポ ヨ
슬퍼요.

悲しいです。

基本形은으変則用言 (P.69) の슬프다。
スル プ ダ
悲しい気持ちのときに。

ッチャ ジュン ナ ヨ
짜증 나요.

むかつきます。

基本形は짜증 나다。イライラしていると
ッチャ ジュン ナ ダ
きや腹が立ったときの一言。

ット ル リョ ヨ
떨려요.

緊張します。

基本形은떨리다で、直訳すると「震えます」
ット ル リ ダ
という意味。よく使われる一言。

強い推量を表す「〜するはずだから」「〜だろうから」や、意志を表す「〜する（つもりだ）から」は、語幹＋ㄹ/을 테니까です。この文型は語幹の最後の文字のパッチムに注目。語幹の最後の文字にパッチムがない場合はㄹ 테니까、パッチムがある場合は을 테니까、パッチムがㄹの場合はㄹパッチムを取ってからㄹ테니까をつけます。日本語と同様に文と文をつないだり、文末に使うこともでき、文末の場合は語尾に요をつけると丁寧な言い回しになります。

パッチムなし の語幹 ＋ ㄹ 테니까

例 **내일도 라방 할 테니까 또 만나요!**
ネイルド ラ バン ハル テ ニ ッカ ット マンナ ヨ
明日もライブ配信するからまた会いましょう！

> **라방** ライブ配信
> ＊라이브방송［ライブバンソン］（ライブ放送）の略

> **하다** する

例 **열심히 노력할 테니까요.**
ヨル シ ミ ノ リョカル テ ニ ッカ ヨ
一生懸命努力しますから。

> **노력하다** 努力する

パッチムあり の語幹 ＋ 을 테니까

例 **주말은 사람이 많을 테니까 일찍 가요.**
チュ マ ルン サ ラ ミ マ ヌル テ ニ ッカ イルッチク カ ヨ
週末は人が多いだろうから早めに行きましょう。

> **많다** 多い

ㄹパッチム の語幹 ➡ ㄹパッチムを取る ＋ ㄹ 테니까

例 **10시에 문 열 테니까 여기서 기다려요.**
ヨル シ エ ムン ヨル テ ニ ッカ ヨ ギ ソ キ ダ リョ ヨ
10時にオープンするはずだからここで待ちましょう。

> 🖋 문(을) **열다**で「(店が) オープンする」という意味にもなる。

> **문** 門、ドア

> **열다** 開く

Point 〜した…（動詞の過去連体形）

「買ったもの」の「買った」のように、「過去に起きたこと」を表す動詞の過去連体形は、語幹＋ㄴ/은です。この文型は語幹の最後の文字のパッチムに注目。語幹の最後の文字にパッチムがない場合はㄴ、パッチムがある場合は은、パッチムがㄹの場合はㄹパッチムを取ってからㄴをつけます。

パッチムなし の語幹 ＋ ㄴ

例 **마지막에 본 영화가 뭐예요?**
マ ジ マ ゲ ポン ヨンファガ ムォエ ヨ
最後に見た映画は何ですか？

보다 見る
ボ ダ

パッチムあり の語幹 ＋ 은

例 **친구한테서 받은 목걸이예요.**
チン グ ハン テ ソ パ ドゥン モッ コ リ エ ヨ
友達からもらったネックレスです。

받다 受ける、もらう
パッ タ

한테서 〜から
ハン テ ソ
＊主に口語で使われる

ㄹパッチム の語幹 ➡ ㄹパッチムを取る ＋ ㄴ

例 **제가 직접 만든 쿠키예요.**
チェ ガ チク チョプ マンドゥン ク キ エ ヨ
私が自分で作ったクッキーです。

만들다 作る
マンドゥル ダ

🏷 恋しいときは보고 싶어요
ボ ゴ シ ボ ヨ

「会う」「付き合う」という意味の만나다は、計画して会うときや何かに出会うときに使います。単純に友達や芸能人に「会いたいです」という気持ちを伝えるときは보다（見る）を使って보고 싶어요と言います。
マン ナ ダ
ボ ダ
ボ ゴ シ ボ ヨ

⊕ もし、「만나는 사람 있어요?」と聞かれたら、それは恋人の有無を尋ねられています。　**143**

Episode21〜25で学んだ内容を練習問題でおさらい！

日本語文の意味と合うように、下線部分に韓国語を書きましょう。

❶ 今度釜山に行こうと思います。　行く：가다　〜しようと思います：려고/으려고 해요

이번에 부산에 ＿＿＿＿＿＿ ＿＿＿＿＿.

❷ 雨が降るので早めに帰ってきました。　雨が降る：비가 오다　〜するので：기 때문에

비가 ＿＿＿＿＿ ＿＿＿＿＿＿＿ 일찍 돌아왔어요.

❸ そこにおいしい焼肉屋があります。おいしい：맛있다　動詞・存在詞の現在連体形：는

거기에 ＿＿＿＿＿＿＿ 고깃집이 있어요.

❹ これ知っている人いますか？　知る：알다　動詞・存在詞の現在連体形：는

이거 ＿＿＿＿＿ 사람 있어요?

❺ これ以上食べられません。　食べる：먹다　〜できません：못

더 이상 ＿＿＿ ＿＿＿＿＿＿＿.

❻ 私は運転できません。　運転する：운전하다　〜できません：못

저는 ＿＿＿＿＿＿ ＿＿＿ ＿＿＿＿＿.

❼ 負けたら罰ゲームをしなければ（受けなければ）いけません。

受ける：받다　〜しなければいけません：아/어야 해요/돼요

지면 벌칙을 ＿＿＿＿＿＿ ＿＿＿＿＿.

❽ 今日中に応募しなければいけません。

応募する：응모하다　〜しなければいけません：아/어야 해요/돼요

오늘 중에 ＿＿＿＿＿ ＿＿＿＿＿.

❾ 韓国語を教えてさしあげます。

教える：가르치다　〜してさしあげます：아/어 드려요

한국어를 ＿＿＿＿＿＿＿ ＿＿＿＿＿＿＿.

⓾ 少し休みましょうか？　　休む：쉬다　～しましょうか？：ㄹ/을까요?

잠깐 _____

⓫ プールに行って遊びましょうか？　　遊ぶ：놀다　～しましょうか？：ㄹ/을까요?

수영장에 가서 _____

⓬ 週末に映画を見るつもりです。　　見る：보다　～するつもりです：ㄹ/을 거예요

주말에 영화를 ____ _____.

⓭ 今回は大丈夫だと思います。　　大丈夫だ：괜찮다　～と思います：ㄹ/을 거예요

이번에는 _____ _____.

⓮ 音楽を聴きます。　　聞く、聴く：듣다 ＊ㄷ変則用言

음악을 _____.

⓯ 歩いて15分かかります。　　歩く：걷다 ＊ㄷ変則用言　～して：어/아서

_____ **15분 걸려요.**

⓰ 私も知りません。　　知らない：모르다 ＊르変則用言

저도 _____.

⓱ 歌を歌います。　　歌う：부르다 ＊르変則用言

노래를 _____.

⓲ 待つから必ずいらっしゃってください。
待つ：기다리다　～する（つもりだ）から：ㄹ/을 테니까

_____ _____ **꼭 오세요.**

⓳ 最近習った韓国語です。　　習う：배우다　動詞の過去連体形：ㄴ/은

최근에 _____ **한국어예요.**

⓴ 以前読んだ本です。　　読む：읽다　動詞の過去連体形：ㄴ/은

예전에 _____ **책이에요.**

◁)) ep 26

推しへの手紙

ノ レ トゥル ミョンソ ピョンジ ッス ゴ イッ ソ ヨ
노래 들으면서 편지 쓰고 있어요.
歌を聴きながら手紙を書いています。

☐ 手紙で使えるフレーズ　☐ ~い…、~である…（形容詞・指定詞の現在連体形）　☐ ~しながら　☐ ~すること（名詞化）

サ ラン ハ ヌン シ ウ オッパ エ ゲ
사랑하는 시우 오빠에게
愛する シウオッパ へ

チャル チ ネ ジョ イェ リ ニ エ ヨ
잘 지내죠? 예린이에요.
元気ですか？　イェリンです。

ディアルエム ノ レ トゥル ミョンソ ピョンジ ッス ゴ イッ ソ ヨ
DRM 노래 들으면서 편지 쓰고 있어요.
DRMの歌を聴きながら手紙を書いています。

オッパ ドゥ レ セ ロ ウン チュル バ リ キ デ ドェ ヨ
오빠들의 새로운 출발이 기대돼요.
オッパたちの新しい出発が楽しみです。

オッ パ ガ ウン ヌン モ ス ピ ボ ギ チョ ア ヨ
오빠가 웃는 모습이 보기 좋아요.
オッパが笑っている姿が好きです（見ていてうれしいです）。

ハンサン コン ガン ハ ゴ ヒ ム ネ ヨ
항상 건강하고 힘내요!
いつも健康で頑張ってください！

イェ リ ニ ガ
예린이가
イェリンより

지내다 チ ネ ダ ：過ごす
＊잘 지내다で「元気だ」という意味

편지 ピョン ジ ：手紙

새롭다 セ ロプ タ ：新しい ＊ㅂ変則用言(P.72)

출발 チュルバル ：出発

기대되다 キ デ ドェ ダ ：期待される、楽しみにする

웃다 ウッ タ ：笑う

모습 モ スプ ：姿、様子

건강하다 コンガン ハ ダ ：健康だ

힘내다 ヒ ム ネ ダ ：頑張る

Check ≫ 手紙で使えるフレーズ

相手の名前→挨拶→本題→締めの言葉→自分の名前、という手紙
の構成は韓国語でも同じ。推しへのファンレターを書いてみよう！

○○에게 エ ゲ

○○へ

相手の名前のあとにつけて。目上の人には
에게ではなく께で、○○님께 ニ ムッケ（様へ）とする。

처음으로 편지를 써요. チョ ウ ム ロ ピョン ジ ルル ッソ ヨ

初めて手紙を書きます。

「書く」の基本形は으変則用言 (P.69) の쓰다。
「二回目の手紙です」は두 번째 편지예요 トゥ ボンチェ ピョン ジ エ ヨ。

○○를/을 보고 팬이 됐어요. ルル ウル ポ ゴ ペ ニ ドェッソ ヨ

○○を見てファンになりました。

○○がパッチムで終わる場合は을がつく。「○
○を聴いて」にするなら보고を듣고に替えて。

앞으로도 응원할게요. ア プ ロ ド ウンウォナルケ ヨ

これからも応援します。

意志を表すㄹ게요 ルケ ヨ (P.72) は、콘서트 갈게요 コンソ トゥ カルケ ヨ
（コンサート行きます）などにも使える。

○○가 / 이가 ガ イ ガ

○○より

最後の文字にパッチムがない場合は가 ガ、ある場
合は이가 イ ガ。目上の人には○○올림 オ ル リム や○○드림 トゥ リムを。

저는 일본 팬이에요. チョ ヌン イ ル ボン ペ ニ エ ヨ

私は日本のファンです。

自己紹介するとき、저는 ○○예요/이에요 チョ ヌン エ ヨ イ エ ヨ
(P. 33, 35) の文型が使える。

○○ 덕분에 항상 힘을 얻고 있어요. トゥ ブ ネ ハンサン ヒ ムル オッコ イッソ ヨ

○○のおかげでいつも元気をもらっています。

덕분에 トゥ ブ ネ は「おかげで」という意味で、普段
の会話でも使える言葉。

밥 잘 챙겨 먹어요. パ プ チャル チェンギョ モ ゴ ヨ

ごはんしっかり食べてね。

相手を思いやる一言。目上の人には먹어요 モ ゴ ヨ
を드세요 トゥ セ ヨ（召し上がってください）に替えて。

P.129では動詞・存在詞の現在連体形を学びましたが、形容詞・指定詞の現在
連体形は語幹＋ㄴ/은です。この文型は語幹の最後の文字のパッチムに注目。
語幹の最後の文字にパッチムがない場合はㄴ、パッチムがある場合は은、パ
ッチムがㄹの場合はㄹパッチムを取ってからㄴをつけます。

パッチムなし の語幹 ＋ ㄴ

例 올해 가장 **따뜻한** 날이 됐어요.
オ レ カ ジャン ッタッタットゥタン ナ リ ドェッ ソ ヨ
今年最も暖かい日になりました。

따뜻하다 暖かい、温かい
ッタットゥタ ダ

例 **예쁜** 옷을 샀어요.
イェップン オス ル サッ ソ ヨ
かわいい服を買いました。

예쁘다 かわいい、きれいだ
イェップ ダ

パッチムあり の語幹 ＋ 은

例 **작은** 사이즈 있어요?
チャグン サ イ ジュ イッ ソ ヨ
小さいサイズありますか？

작다 小さい
チャク タ

ㄹパッチム の語幹 ➡ ㄹパッチムを取る ＋ ㄴ

例 **먼** 곳에서 왔어요.
モン ゴ セソ ワッ ソ ヨ
遠いところから来ました。

멀다 遠い
モル ダ

곳 ところ
コッ

Point 〜しながら

2つ以上の動作や状態が同時に行われていることを表す「〜しながら」は、語
幹＋면서/으면서です。この文型は語幹の最後の文字のパッチムに注目。語幹
ミョンソ ウ ミョンソ
の最後の文字にパッチムがない場合とパッチムがㄹの場合は면서、パッチム
ミョンソ
がある場合は으면서をつけます。
ウ ミョンソ

> **パッチムなし/ㄹパッチム** の語幹 ＋ ^{ミョン ソ}**면서**

例 ^{ヨンサンウル ポミョン ソ ストゥレチン ヘ ヨ}
영상을 보면서 스트레칭 해요.
動画を見ながらストレッチします。
○ ^{ポ ダ}**보다** 見る

例 ^{ウルミョン ソ ヘ オ ジョッソ ヨ}
울면서 헤어졌어요.
泣きながら別れました。
○ ^{ウル ダ}**울다** 泣く
○ ^{ヘ オ ジ ダ}**헤어지다** 別れる

> **パッチムあり** の語幹 ＋ ^{ウ ミョン ソ}**으면서**

例 ^{バム モ グミョン ソ ネップルリク ス ポァ ヨ}
밥 먹으면서 넷플릭스 봐요.
ごはん食べながらNETFLIX見ます。
○ ^{モク ダ}**먹다** 食べる

Point 〜すること（名詞化）

用言の語幹＋**^キ기**で、「〜すること」というように用言を名詞化することができます。この文型はすべての語幹が共通。後ろに**^{チョ タ}좋다**（よい）をつけて語幹＋**^{キ チョ タ}기 좋다**で「〜していてうれしくなる」「〜するのにいい」、**^{シュィプ タ}쉽다**（易しい）や**^{ピョナ ダ}편하다**（楽だ）をつけて語幹＋**^{キ シュィプ タ ピョナ ダ}기 쉽다/편하다**で「〜しやすい」と表現することが多いです。

> **すべて** の語幹 ＋ ^キ**기**

例 ^{イ ラ ギ シ ロ ヨ}
일하기 싫어요.
働きたくないです（働くことが嫌です）。
○ ^{イ ラ ダ}**일하다** 働く

例 ^{ナルッシ ガ チョア ソ ウェチュラ ギ チョア ヨ}
날씨가 좋아서 외출하기 좋아요.
天気がよくて外出するのにいいです（外出することがいいです）。
○ ^{ウェチュラ ダ}**외출하다** 外出する

例 ^{イ ゴ マンドゥル ギ シュィウォ ヨ}
이거 만들기 쉬워요.
これ作りやすいです（作ることが易しいです）。
○ ^{マンドゥル ダ}**만들다** 作る

⊕ 手紙では「愛する○○へ」のように相手の名前の前に修飾する言葉を付け加えることも。 **149**

先輩に動画を見せながら

드디어 뜨는군요.
トゥ ディ オ ットゥ ヌン グン ニョ

ついにブレイクするんですね。

- □ ～くなります、～られます
- □ ～したらいいです、～かったらいいです　□ ～ですね

예린
イェリン

> チェ ガ オル リン ヨン サン チョ フェ ス ガ オム チョン ナ ヨ
> **제가 올린 영상 조회수가 엄청나요.**
> 私がアップした動画、再生回数がものすごいです。

선배
先輩

> オ ットン ヨン サン イ エ ヨ
> **어떤 영상이에요?**
> どんな動画ですか？

예린
イェリン

> ク ッテ ボ ス キン エ ソ ッチ グン ディアル エム ヨン サン イ エ ヨ
> **그 때 버스킹에서 찍은 DRM 영상이에요.**
> あのとき、路上ライブで撮ったDRMの動画です。

선배
先輩

> トゥ ディ オ ットゥ ヌン グン ニョ
> **드디어 뜨는군요.**
> ついにブレイクするんですね。

예린
イェリン

> イン キ ガ マ ナ ジョッ ス ミョン
> **인기가 많아졌으면**
> 人気になったら
>
> チョ ケッ ソ ヨ
> **좋겠어요.**
> いいです。

조회수^{チョフェ ス}：再生回数 ＊直訳は「照会数」

엄청나다^{オムチョン ナ ダ}：ものすごい

어떤^{オ ット ン}：どんな

드디어^{トゥ ディ オ}：ついに

뜨다^{ットゥ ダ}：浮かぶ

＊俗語的に「ブレイクする」という意味も持つ

인기^{イン キ}：人気 ＊인기가 많아지다（人気が多くなる）で「人気になる」という意味

Point ～くなります、～られます

形容詞や存在詞없다^{オプ タ}について、状態の変化を表す「～くなります」は、語幹＋**아져요/어져요**^{ア ジョ ヨ オ ジョ ヨ}です。この文型は語幹の最後の文字の母音に注目。語幹の最後の文字の母音が陽母音（ㅏ、ㅑ、ㅗ）の場合は**아져요**、陰母音（ㅏ、ㅑ、ㅗ以外）の場合は**어져요**^{オ ジョ ヨ}をつけます。語幹の最後の文字にパッチムがない場合は母音が縮約し、**하다**^{ハ ダ}用言の場合は**하다**を**해져요**^{ヘ ジョ ヨ}の形にします。また、動詞につくと、受け身や自発を表す「～られます」という意味になります。

陽母音 の語幹 ＋ **아져요**^{ア ジョ ヨ}.

例 **청소하면 기분이 좋아져요.**^{チョン ソ ハ ミョン キ ブ ニ チョ ア ジョ ヨ}

掃除すると気分がよくなります。

좋다^{チョ タ} よい

陰母音 の語幹 ＋ **어져요**^{オ ジョ ヨ}.

例 **기대가 점점 커져요.**^{キ デ ガ チョムジョム コ ジョ ヨ}

期待がだんだん大きくなります。

크다^{ク ダ} 大きい

例 **진심이 느껴져요.**^{チン シ ミ ヌ ッキョ ジョ ヨ}

真心が感じられます。

느끼다^{ヌ ッキ ダ} 感じる

하다用言 の하다 ➡ **해져요**^{ヘ ジョ ヨ}.

例 **밥 먹으면 행복해져요.**^{バム モ グ ミョン ヘン ボ ケ ジョ ヨ}

ごはん食べると幸せになります。

행복하다^{ヘン ボ カ ダ} 幸せだ

希望・願望を表す「〜したらいいです、〜かったらいいです」は、語幹＋**았/었**<ruby>앗<rt>アッ</rt></ruby><ruby>오ッ<rt>オッ</rt></ruby>
으면 좋겠어요です。この文型は語幹の最後の文字の母音に注目。語幹の最後
の文字の母音が陽母音（ㅏ、ㅑ、ㅗ）の場合は**았으면 좋겠어요**、陰母音（ㅏ、ㅑ、
ㅗ以外）の場合は**었으면 좋겠어요**をつけます。語幹の最後の文字にパッチム
がない場合は母音が縮約し、**하다**用言の場合は**하다**を**했으면 좋겠어요**の形に
します。**았/었으면**はP.102で学んだ条件・仮定の**면/으면**に過去を意味する
았/었をつけた形。**좋겠어요**は、形容詞**좋다**（よい）にP.97で学んだ意志・推量・
婉曲の**겠어요**をつけた形です。

陽母音 の語幹 ＋ **았으면 좋겠어요.**

例 **월요일이 안 왔으면 좋겠어요.**
月曜日が来なければいいです。

오다 来る

例 **구독자가 많았으면 좋겠어요.**
登録者が多かったらいいです。

많다 多い

구독자 購読者、(YouTubeなどの)登録者

陰母音 の語幹 ＋ **었으면 좋겠어요.**

例 **집에서 푹 쉬었으면 좋겠어요.**
家でゆったり休んだらいいです。

쉬다 休む

例 **키가 좀 더 컸으면 좋겠어요.**
背がもう少し大きかったらいいです。

크다 大きい

＊으変則用言(P.69)

하다用言 の하다 ➡ **했으면 좋겠어요.**

例 **날씨가 시원했으면 좋겠어요.**
天気が涼しかったらいいです。

시원하다 涼しい

Point 〜ですね

感嘆・詠嘆を表す「〜ですね」は、語幹＋**군요**/**는군요**です。形容詞・存在詞・指定詞の場合は**군요**、動詞の場合は**는군요**、動詞のうちパッチムが**ㄹ**の場合は**ㄹ**パッチムを取ってから**는군요**をつけます。

【形容詞・存在詞・指定詞】・・・

> すべて の語幹 ＋ **군요.**
> 　　　　　　　　　クンニョ

🔊 군요の発音は
요に **ㄴ** [n] の
挿入（P.27）が
起きてクンニョと発音
されるのが一般的。

例　**정말 사람이 많군요.**
　　チョンマル サ ラ ミ マンクンニョ
本当に人が多いですね。

많다 多い
マン タ

【動詞】・・

> ㄹパッチム以外 の語幹 ＋ **는군요.**
> 　　　　　　　　　　　　　ヌン グン ニョ

例　**영어도 잘하는군요.**
　　ヨン オ ド チャラ ヌングンニョ
英語も上手なんですね。

잘하다 上手だ
チャ ラ ダ

＊直訳は「上手くする」で、韓国語では動詞

> ㄹパッチム の語幹 ➡ ㄹパッチムを取る ＋ **는군요.**
> 　　　　　　　　　　　リウル　　　　　　　　　　ヌン グン ニョ

例　**다 아는군요.**
　　タ ア ヌングンニョ
全部知っているんですね。

알다 知る
アル ダ

【＋α Point】・・・

〜んですね

過去形や意志・推量・婉曲を意味する**겠**がつく場合は、形容詞や動詞などに関係なく**군요**をつけます。
　　　　　　　　　　　　　　　ケッ

例　**여기까지 열심히 달렸군요.**
　　ヨ ギッカジ ヨルシ ミ タルリョックンニョ
ここまで一生懸命走ったんですね。

달리다 走る
タル リ ダ

姉妹でテレビを見ながら

ep 28

チャ トゥ チ ニ パン ジョ ギ オプ ソン ヌン デ
차트 진입한 적이 없었는데.
チャートに入ったことがなかったのに。

☐ 〜しよう　☐ 〜したことがあります
☐ 〜したことがありません　☐ 〜じゃないですか

수아
スア

ディ アル エム ナ ワッ ソ カ チ ボ ジャ
DRM 나왔어. 같이 보자.
DRM出てきた。一緒に見よう。

チョン マル ユ ミョン ヘ ジョン ネ
정말 유명해졌네.
本当に有名になったね。

ヨ セ ティ ビ トゥル ミョン ハン サン ナ ワ
요새 티비*틀면 항상 나와.
最近TVをつけるといつも出てる。

예린
イェリン

ノ レ ド ヨク チュ ヘン ハ ゴ イッ ソ
노래도 역주행하고 있어.
歌も逆走行してる。

チ グム ッカ ジ チャ トゥ チ ニ パン ジョ ギ オプ ソン ヌン デ
지금까지 차트 진입한 적이 없었는데.
今までチャートに入ったことがなかったのに。

수아
スア

ニ ガ オル リン ク ヨン サン トゥ ブ ニ ジャ ナ
니가*올린 그 영상 덕분이잖아.
あなたがアップしたあの動画のおかげじゃん。

＊티비、니가は慣習的な言い方

유명하다:有名だ

요새:最近 *요즘(最近)も同じ意味の単語

티비:テレビ *텔레비전の略。正式な表記は티브이だがこちらがよく使われる

틀다:ひねる、まわす *「(テレビを)つける」という意味でも使われる

역주행하다:逆走行する
*詳細はP.157下

까지:〜まで *助詞

차트:チャート

진입하다:進入する

니가:あなたが、君が、お前が *너(あなた)に助詞가(〜が)がついたときの形で、カジュアルな言い方。正式な表記は네가だが、話し言葉では내가(私が)と区別するために니가と発音されることが多い

덕분:おかげ

Point ～しよう

勧誘や提案を表す「〜しよう」は、語幹＋**자**です。この文型はすべての語幹が共通です。これはパンマル（ため口）の表現なので、目上の人には使えません。

> **すべて** の語幹 ＋ **자.**

例 **밥 먹자.**
ごはん食べよう。

○ 먹다 食べる

💬 **밥 먹자**をつなげて言うと ㅂ のあとに ㅁ がくるので鼻音化（P.26）し、**밥**は[**밤**(バム)]と発音する。

Point ～したことがあります

経験を表す「〜したことがあります」は、語幹＋**ㄴ/은 적이 있어요**です。この文型は語幹の最後の文字のパッチムに注目。語幹の最後の文字にパッチムがない場合は**ㄴ 적이 있어요**、パッチムがある場合は**은 적이 있어요**、パッチムが ㄹ の場合は ㄹ パッチムを取ってから**ㄴ 적이 있어요**をつけます。

> **パッチムなし** の語幹 ＋ **ㄴ 적이 있어요.**

例 **그 영화 본 적이 있어요.**
その映画見たことがあります。

○ 보다 見る

例 **설렁탕 먹어 본 적이 있어요.**
ソルロンタン (牛骨スープ) 食べたことがあります。

먹어 보다 食べてみる

💬 動詞に**아/어 보다** (〜してみる) をつけて語幹＋**아/어 본 적이 있어요**と言うことも多い。

パッチムあり の語幹 ＋ **은 적이 있어요.**

例 **신인상을 받은 적이 있어요.**
新人賞をもらったことがあります。

받다 もらう

ㄹパッチム の語幹 ➡ ㄹパッチムを取る ＋ **ㄴ 적이 있어요.**

例 **케이크를 만든 적이 있어요.**
ケーキを作ったことがあります。

만들다 作る

Point 〜したことがありません

語幹＋**ㄴ/은 적이 있어요**の**있어요** (あります) を**없어요** (ありません) に替えると、「〜したことがありません」という意味になります。

パッチムなし の語幹 ＋ **ㄴ 적이 없어요.**

例 **피아노 배운 적이 없어요.**
ピアノ習ったことがありません。

배우다 習う

パッチムあり の語幹 ＋ **은 적이 없어요.**

例 **그 소설 읽은 적이 없어요.**
その小説読んだことがありません。

읽다 読む

ㄹパッチム の語幹 → ㄹパッチムを取る + **ㄴ 적이 없어요.**
リウン ン ジョギ オプソヨ

例 **둘이서 논 적이 없어요.**
トゥリソ ノン ジョギ オプソヨ
二人で遊んだことがありません。
　　　　　○ **둘이서** 二人で　　○ **놀다** 遊ぶ
　　　　　トゥリソ　　　　　　ノルダ

Point 　～じゃないですか

相手に確認をしたり、教えたりする表現「～じゃないですか」は、語幹＋**잖아요**です。この文型はすべての語幹が共通です。語幹＋**지 않아요** (P.113)の縮約形ですが、否定の意味は持ちません。
チ アナヨ

すべて の語幹 + **잖아요.**
チャ ナ ヨ

例 **요새 항공권이 비싸잖아요.**
ヨ セ ハンゴンクォニ ビッサジャナヨ
最近、航空券が高いじゃないですか。
　　　　　○ **비싸다** (価格が)高い
　　　　　ビッサダ

例 **너무 힘들잖아요.**
ノ ム ヒムドゥルジャナヨ
すごく大変じゃないですか。
　　　　　○ **힘들다** 大変だ、つらい
　　　　　ヒムドゥルダ

例 **오늘 생일이잖아요.**
オ ヌル センイ リ ジャナヨ
今日誕生日じゃないですか。
　　　　　○ **생일** 誕生日
　　　　　センイル

 名詞は指定詞**이다**がつき、名詞＋語幹**이**＋**잖아요**となる。名詞の最後の文字にパッチムがない場合は**이**が省略される。

　🏷 チャートを"逆走行"して人気に！

リリースされてからしばらく時間が経った曲がチャートインしたり、一度外れた曲が再びインすることを역주행(逆走行)といいます。過去にはDRMのようにファンが撮った動画をきっかけに逆走行した例も。
ヨクチュヘン

⊕ **차트 진입한 적이 없었는데**는、基本形**없다**に語幹＋**었는데요** (P.119)がつき、ため口にした形。　**157**

ep 29

事務所から届いたメール

메일이 왔나 봐.
メ イ リ ワン ナ ボァ

メールがきたみたい。

- ☐ 〜するようです、〜みたいです　☐ 〜だろう、〜するつもり
- ☐ 〜だった…（形容詞・存在詞・指定詞の過去連体形）

수아
スア

예린아, 핸드폰 울렸어. 메일이 왔나 봐.
イェリ ナ　ヘンドゥポン ウルリョッソ　メ イ リ ワン ナ ボァ

イェリン、携帯電話鳴ったよ。メールがきたみたい。

예린
イェリン

어 뭐지? 소속사에서 왔어.
オ ムォ ジ　ソ ソク サ エ ソ ワッソ

お、何だろう？　事務所からきた。

'감사한 마음을 전해 드리고 싶습니다.'
カム サ ハン マ ウ ム ル チョ ネ ドゥ リ ゴ シプ スム ニ ダ

"感謝の気持ちをお伝えしたいです。"

'멤버들과 같이 식사는 어떠세요?'
メム ボ ドゥル グァ カ チ シク サ ヌン オット セ ヨ

"メンバーたちと一緒に食事はいかがですか？"

수아
スア

헐. 갈 거야?
ホル　カル コ ヤ

わお。行くの？

예린
イェリン

아니. 그냥 팬으로 남고 싶어.
ア ニ　ク ニャン ペ ヌ ロ ナム コ シ ポ

いや。ただのファンでいたい（残りたい）。

없었던 일로 하려고.
オプ ソッ トン ニル ロ　ハ リョ ゴ

なかったことにするよ。

Vocabulary

ヘンドゥポン **핸드폰**：携帯電話	メンボ **멤버**：メンバー
ウルリダ **울리다**：鳴る	シクサ **식사**：食事
ソソクサ **소속사**：事務所	アニ **아니**：いや ＊**아니요**（いいえ）のパンマル
メイル **메일**：メール	クニャン **그냥**：ただの、なんとなく
カムサハダ **감사하다**：ありがたい、感謝する	ナムタ **남다**：残る
マウム **마음**：心、気持ち	イルロ **일로**：ことに
チョナダ **전하다**：伝える	＊**일**（こと）＋助詞**로**（〜で、〜へ、〜に）

Point ～するようです、～みたいです

動詞や存在詞について、推測を表す「～するようです、～みたいです」は語幹
＋**나 봐요**です。この文型はすべての語幹が共通。ただし、パッチムが**ㄹ**の場
合は**ㄹ**パッチムを取ってから**나 봐요**をつけます。

ㄹパッチム以外 の語幹 ＋ **나 봐요.**

例 アムド オムナ ボァヨ
아무도 없나 봐요.
誰もいないみたいです。
　　オプタ
없다 ない、いない

例 ヨジュム ストゥレスルル パンナ ボァヨ
요즘 스트레스를 받나 봐요.
最近ストレスを感じているみたいです。
　　ストゥレス ルル パッタ
스트레스(를) 받다 ストレスを感じる

例 コンハン エ トチャケンナ ボァヨ
공항에 도착했나 봐요.
空港に到着したみたいです。
　　トチャカダ
도착하다 到着する

過去形の「～したみたいです」は語幹＋**았/었나 봐
요**。**하다**用言の場合は**하다**を**했나 봐요**の形にする。

ㄹパッチム の語幹 ➡ **ㄹ**パッチムを取る ＋ **나 봐요.**

例 マトゥエソド パナ ボァヨ
마트에서도 파나 봐요.
スーパーでも売っているみたいです。
　　マトゥ
마트 スーパー　　パルダ
팔다 売る

159

Point ～だろう、～するつもり

P.137で学んだ語幹 + ㄹ/을 거예요のパンマルの形「～だろう、～するつもり」
は、**語幹 + ㄹ/을 거야**です。この文型は語幹の最後の文字のパッチムに注目。
語幹の最後の文字にパッチムがない場合は**ㄹ 거야**、パッチムがある場合は**을
거야**、パッチムが**ㄹ**の場合は**ㄹ**パッチムを取ってから**ㄹ 거야**をつけます。

パッチムなし の語幹 + **ㄹ 거야.**

例 **이번엔 꼭 합격할 거야.**
今回は必ず合格するだろう。

○ **합격하다** 合格する

パッチムあり の語幹 + **을 거야.**

例 **저녁에 뭘 먹을 거야?**
夕食に何を食べるつもり？

○ **뭘** 何を ○ **먹다** 食べる

＊무엇을の縮約形

ㄹパッチム の語幹 ➡ **ㄹ**パッチムを取る + **ㄹ 거야.**

例 **뭘 만들 거야?**
何を作るつもり？

○ **만들다** 作る

Point ～だった… (形容詞・存在詞・指定詞の過去連体形)

「寒かった日」の「寒かった」のように、「過去のこと」を表す形容詞・存在詞・
指定詞の過去連体形は、**語幹 + 았/었던**です。この文型は語幹の最後の文字の
母音に注目。語幹の最後の文字の母音が陽母音（ㅏ、ㅑ、ㅗ）の場合は**았던**、
陰母音（ㅏ、ㅑ、ㅗ以外）の場合は**었던**をつけます。語幹の最後の文字にパッ
チムがない場合は母音が縮約し、**하다**用言の場合は**하다**を**했던**の形にします。
これは語幹 + **던**でもほぼ同じ意味です。

160

陽母音 の語幹 ＋ 았던（アットン）

例 실수가 **많았던** 무대
ミスが多かったステージ

○ 많다 多い

例 운이 **좋았던** 하루
運がよかった一日

○ 좋다 よい

陰母音 の語幹 ＋ 었던（オットン）

例 올해 가장 **추웠던** 날
今年一番寒かった日

○ 춥다 寒い

＊ㅂ変則用言(P.72)

例 요즘 가장 **재미있었던** 일은?
最近一番面白かったことは？

○ 재미있다 面白い

하다用言 の하다 ➡ 했던（ヘットン）

例 **유명했던** 가수
有名だった歌手

○ 유명하다 有名だ

例 너무 **강했던** 태풍
とても強かった台風

○ 강하다 強い

♡ 本編のあとに「クッキーあります」って？
YouTubeなどによくある쿠키 영상（クッキー映像）とは、お菓子のクッキーの映像ではなく「おまけ映像」のこと。もとは映画のエンドロール前後に挿入される短い映像を指し、略して쿠키ともいいます。

⊕ **하려고**は語幹＋**려고** / **으려고 해요**（〜しようと思います／ P.126）の**해요**を省略した形。　**161**

ep 30

スアのカフェがオープン

イ ベ ン トゥ ハ ミョン チョ ウル コッ カ タ
이벤트 하면 좋을 것 같아.
イベントしたらよさそう。

☐ ～する…（未来連体形）
☐ ～ようです、～しそうです

민혁
ミニョク

ケ オプ チュ カ ヘ ヨ
개업 축하해요!
開業おめでとう！

예린
イェリン

ア ギ ジャ ギ ハ ゴ ノ ム イェッポ
아기자기하고 너무 예뻐.
かわいらしくてすごく素敵（きれい）。

ヨ ギ ソ センイル カ ペ イ ベ ン トゥ ハ ミョン チョ ウル コッ カ タ
여기서 생일 카페 이벤트 하면 좋을 것 같아.
ここでセンイル（誕生日）カフェイベントしたらよさそう。

수아
スア

ハ ハ ハ ソ ムン マ ニ ネ ジュォ
하하하. 소문 많이 내 줘.
ははは。評判をたくさん広めてね。

민혁
ミニョク

ス ア ッ シ エ セ チュル バ リ
수아 씨의 새 출발이
スアさんの新たな出発が

ソンゴン ハ ギル パ ラル ケ ヨ
성공하길 바랄게요.
成功することを願っています。

개업〔ケオプ〕：開業

아기자기하다〔アギジャギハダ〕：(細々していて)かわいらしい ＊センスよく雑貨が飾られた内装や、小さくてかわいらしい店が並ぶ街などに使われる

생일〔センイル〕：誕生日

이벤트〔イベントゥ〕：イベント ＊センイルカフェイベントの詳細はP.165下

하하하〔ハハハ〕：ははは ＊笑ったときの擬声語

소문〔ソムン〕：噂、評判

내다〔ネダ〕：出す
＊소문 내다で「噂や評判を広める」という意味

새〔セ〕：新しい

성공하다〔ソンゴンハダ〕：成功する

바라다〔パラダ〕：望む、願う

Point ～する…（未来連体形）

「明日乗る飛行機」の「乗る」のように「これから起こること」が名詞を修飾する未来連体形は、語幹＋**ㄹ/을**です。この文型は動詞・形容詞・存在詞・指定詞すべて共通で、語幹の最後の文字のパッチムに注目。語幹の最後の文字にパッチムがない場合は**ㄹ**、パッチムがある場合は**을**〔ウル〕、パッチムが**ㄹ**の場合は**ㄹ**〔リウル〕パッチムを取ってから**ㄹ**をつけます。

パッチムなし の語幹 ＋ ㄹ〔ル〕

例 **오늘 할 게 많아요.**〔オヌル ハル ケ マナヨ〕
今日することが多いです。
　〔ハダ〕**하다** する　〔ケ〕**게** ことが
　＊것이の縮約形

例 **다음 주에 갈 예정이에요.**〔タウム チュエ カル イェジョンイエヨ〕
来週に行く予定です。
　〔カダ〕**가다** 行く

 예정(予定)や**때**(とき)には必ず未来連体形がつく。

パッチムあり の語幹 ＋ 을〔ウル〕

例 **저녁 먹을 시간이에요.**〔チョニョク モグル シガニエヨ〕
夕食を食べる時間です。
　〔モクタ〕**먹다** 食べる

ㄹパッチム の語幹 ➡ ㄹパッチムを取る ＋ ㄹ ^{リウル} ^ル

例 빙수 만들 재료 준비했어요.
^{ピン ス マンドゥル チェリョ チュン ビ ヘッソ ヨ}

かき氷作る材料準備しました。

○ ^{ピン ス} 빙수 かき氷

○ ^{マンドゥル ダ} 만들다 作る

Point ～ようです、～しそうです

推測を表す「～ようです、～しそうです」は連体形＋**것 같아요**^{コッ カ タ ヨ}です。現在のことであれば現在連体形（P.129、P.148）、過去のことであれば過去連体形（P.143、P.160）、これから起こることであれば未来連体形（P.163）がつきます。P.159で学んだ語幹＋**나 봐요**^{ナ ボァ ヨ}も同様に推測を表しますが、語幹＋**나 봐요**^{ナ ボァ ヨ}は自分が直接経験したことについては使えないという違いがあります。

現在連体形 ＋ 것 같아요. ^{ゴッ カ タ ヨ}

例 오빠는 에너지 드링크를 매일 마시는 것 같아요.
^{オ ッパヌン エ ノ ジ ドゥリンク ルル メイル マ シ ヌン ゴッ カ タ ヨ}

お兄さんはエナジードリンクを毎日飲んでいるようです。

○ ^{マ シ ダ} 마시다 飲む

例 예전보다 양이 적은 것 같아요.
^{イェジョン ボ ダ ヤン イ チョグン ゴッ カ タ ヨ}

以前より量が少ないようです。

○ ^{チョク タ} 적다 少ない

例 멜로디가 비슷한 것 같아요.
^{メル ロ ディ ガ ビ スタン ゴッ カ タ ヨ}

メロディが似ているようです。

○ ^{ビ ス タ ダ} 비슷하다 似ている

例 이거 정말 예쁜 것 같아요.
^{イ ゴ チョンマル イェップン ゴッ カ タ ヨ}

これ本当にかわいいと思います。

○ ^{イェップ ダ} 예쁘다 かわいい、きれいだ

💬 自分の考えをやわらかく話したときに使われることも多い。

過去連体形 ＋ 것 같아요.
ゴッ カ タ ヨ

例 **언니가 제 과자를 다 먹은 것 같아요.**
オン ニ ガ チェ クァジャルル タ モ グン ゴッ カ タ ヨ

お姉さんが私のお菓子を全部食べたようです。

먹다 食べる
モッ タ

例 **지갑을 잃어버린 것 같아요.**
チ ガ ブル イ ロ ボリン ゴッ カ タ ヨ

財布をなくしたようです。

잃어버리다 なくす
イ ロ ボ リ ダ

例 **지난달이 제일 바빴던 것 같아요.**
チ ナン ダ リ チェイル バッパットン ゴッ カ タ ヨ

先月が一番忙しかったようです。

바쁘다 忙しい
バップ ダ

*으変則用言(P.69)

例 **덕분에 우승할 수 있었던 것 같아요.**
トゥ ブ ネ ウスンハル ス イッソットン ゴッ カ タ ヨ

おかげで優勝できたようです。

있다 ある、いる
イッタ

*語幹＋ㄹ/을 수 있다(〜できる)

未来連体形 ＋ 것 같아요.
コッ カ タ ヨ

💬 未来連体形の後ろにくる音は濃音で発音し、濁らない。

例 **제 친구도 올 것 같아요.**
チェ チン グ ド オル コッ カ タ ヨ

私の友達も来るようです。

오다 来る
オ ダ

例 **수업에 늦을 것 같아요.**
ス オ ベ ヌジュル コッ カ タ ヨ

授業に遅れそうです。

늦다 遅い
ヌッ タ

例 **충전기는 집에 있을 것 같아요.**
チュンジョン ギ ヌン チ ベ イッスル コッ カ タ ヨ

充電器は家にあるようです。

있다 ある
イッタ

♡ **カフェをアイドル仕様にしてお祝い**

K-POPファンの間ではおなじみのセンイルカフェイベント。ファンが企画してアイドルの誕生日を祝うもので、カフェの協力のもと、アイドルの写真を飾ったりカップスリーブを特別仕様にしたりします。

練習問題 ❻ 解答はP.173

Episode26〜30で学んだ内容を練習問題でおさらい！

日本語文の意味と合うように、下線部分に韓国語を書きましょう。

❶ 大きい部屋へ引っ越しました。　　大きい：크다　形容詞の現在連体形：ㄴ/은

_____ 방으로 이사했어요.

❷ 遅い時間にすみません。　　遅い：늦다　形容詞の現在連体形：ㄴ/은

_____ 시간에 죄송합니다.

❸ 踊りながら歌も歌います。　　踊る：춤추다　〜しながら：면서/으면서

_____ 노래도 불러요.

❹ 勉強したくないです（勉強すること嫌いです）。勉強する：공부하다　〜すること：기

_____ 싫어요.

❺ 夜になったら静かになります。　　静かだ：조용하다　〜くなります：아/어져요

밤이 되면 _____.

❻ 天気がよかったらいいです。　　よい：좋다　〜かったらいいです：았/었으면 좋겠어요

날씨가 _____ _____.

❼ 何色に染めたらいいですか？　染める：염색하다　〜したらいいですか？：았/었으면 좋겠어요?

무슨 색으로 _____ _____.

❽ 資格試験が難しいんですね。　　難しい：어렵다　〜ですね：군요/는군요

자격시험이 _____.

❾ こういうものも売っているんですね。　　売る：팔다　〜ですね：군요/는군요

이런 것도 _____.

❿ 遊園地に遊びに行こう。　　行く：가다　〜しよう：자

놀이공원에 놀러 _____.

166

⓫ 脚をケガしたことがあります。

　ケガする：다치다　〜したことがあります：ㄴ/은 적이 있어요

다리를 _____ _____ _____.

⓬ このエッセイは読んだことがありません。

　読む：읽다　〜したことがありません：ㄴ/은 적이 없어요

이 에세이는 _____ _____ _____.

⓭ そのドラマはつまらないじゃないですか。

　つまらない：재미없다　〜じゃないですか：잖아요

그 드라마는 _____.

⓮ 先輩も知らないみたいです。　　　知らない：모르다　〜みたいです：나 봐요

선배도 _____ _____.

⓯ 君が一番上手いだろう。　　　上手い：잘하다　〜だろう：ㄹ/을 거야

네가 제일 _____ _____.

⓰ 忙しかった日でした。　忙しい：바쁘다 *으変則活用　形容詞の過去連体形：았/었던

_____ 하루였어요.

⓱ 日本でおいしかった食べ物は何ですか？

　おいしい：맛있다　存在詞の過去連体形：었던

일본에서 _____ 음식이 뭐예요?

⓲ 夏休みは済州島で過ごす計画です。　　　過ごす：지내다　未来連体形：ㄹ/을

여름휴가는 제주도에서 _____ 계획이에요.

⓳ これおいしいと思います(おいしいようです)。おいしい：맛있다　〜ようです：것 같아요

　　　　　　　　　　　　　　　　　　　　　　　　　　*現在連体形をつける

이거 _____ ____ _____.

⓴ たくさん練習したみたいです。　　練習する：연습하다　〜ようです：것 같아요

　　　　　　　　　　　　　　　　　　　　　　　　　　*過去連体形をつける

많이 _____ ____ _____.

COLUMN

変則用言と ㄹ語幹用言のまとめ

これまでに学んだ変則用言のほかにも、変則的に活用する用言があります。

으変則用言 ▶▶ P.69

語幹が母音ㅡで終わる動詞・形容詞（一部の例外を除く）。아/어で始まる語尾につくときにㅡが脱落し、残った子音と語尾の母音아/어が結びつく。語幹が1文字の場合は어、2文字以上の場合はㅡの前の母音が陽母音なら아、陰母音なら어で始まる語尾がつく。

例 쓰다 (書く、使う)　　쓰 + 어요　➡　써요 (書きます、使います)

例 나쁘다 (悪い)　　나쁘 + 아요　➡　나빠요 (悪いです)

例 기쁘다 (うれしい)　　기쁘 + 어요　➡　기뻐요 (うれしいです)

ㅂ変則用言 ▶▶ P.72

語幹がパッチムㅂで終わる動詞・形容詞（一部の例外を除く）。으で始まる語尾につくときにパッチムㅂと으が合体して우となる。また、아/어で始まる語尾につくときにパッチムㅂと아/어が合体して워になる（ただし、돕다 (助ける)と곱다 (きれいだ)だけは와となる）。

例 맵다 (辛い)　　맵 + 으면　➡　매우면 (辛ければ)

例 가깝다 (近い)　　가깝 + 어요　➡　가까워요 (近いです)

ㄷ変則用言 ▶▶ P.138

語幹がパッチムㄷで終わる動詞（一部の例外を除く）。으または아/어で始まる語尾につくときにパッチムㄷがㄹに変化する。

例 걷다 (歩く)　　걷 + 으면　➡　걸으면 (歩けば)

例 듣다 (聞く)　　듣 + 어요　➡　들어요 (聞きます)

르変則用言 ▶▶ P.139

語幹が르で終わる動詞・形容詞（一部の例外を除く）。아/어で始まる語尾につくときに르がㄹㄹに変化し、르の直前の母音が陽母音の場合はㄹ라、陰母音の場合はㄹ러になる。

例 모르다 (知らない)　　모르 + 아요　➡　몰ㄹ + 아요　➡　몰라요 (知りません)

例 흐르다 (流れる)　　흐르 + 어요　➡　흘ㄹ + 어요　➡　흘러요 (流れます)

ㅅ変則用言

語幹がパッチム**ㅅ**（シオッ）で終わる動詞・形容詞（一部の例外を除く）。**으**または**아/어**で始まる語尾につくときにパッチム**ㅅ**（シオッ）が脱落する。

例 **낫다**（ナッタ）（治る）　　**낫+으면**（ナッ ウミョン）　⇒　**나으면**（ナ ウミョン）（治れば）

例 **붓다**（プッタ）（腫れる）　　**붓+어요**（プッ オヨ）　⇒　**부어요**（プ オヨ）（腫れます）

ㅎ変則用言

語幹がパッチム**ㅎ**（ヒウッ）で終わる形容詞（**좋다**（チョタ）以外）。**으**で始まる語尾につくときに、パッチム**ㅎ**（ヒウッ）と**으**（ウ）が脱落する。また、**아/어**で始まる語尾につくときにパッチム**ㅎ**（ヒウッ）が脱落し、語幹の最後の文字の母音が**ㅐ**（エ）に変化する（ただし、**하얗다**（ハヤタ）（白い）の場合は**얘**（イェ）に変化する）。

例 **그렇다**（ク ロ タ）（そうだ）　　**그렇+으면**（クロッ ウミョン）　⇒　**그러면**（ク ロ ミョン）（そうならば）

例 **파랗다**（パ ラ タ）（青い）　　**파랗+아요**（パラッ アヨ）　⇒　**파래요**（パ レ ヨ）（青いです）

러変則用言

語幹が**르**（ル）で終わる動詞・形容詞のごく一部。**아/어**で始まる語尾につくときに、**아/어**が**러**（ロ）に変化する。

例 **이르다**（イ ル ダ）（至る）　　**이르+어요**（イル オヨ）　⇒　**이르러요**（イルロヨ）（至ります）

ㄹ語幹用言

語幹がパッチム**ㄹ**（リウル）で終わるすべての動詞・形容詞。**ㅂ**（ピウプ）、**ㅅ**（シオッ）、**ㄴ**（ニウン）、パッチム**ㄹ**（リウル）が後ろにくると、語幹のパッチム**ㄹ**（リウル）が脱落する。

例 **팔다**（パルダ）（売る）　　**팔+ㅂ니다**（パル ムニダ）　⇒　**팝니다**（パムニダ）（売ります）

例 **알다**（アルダ）（知る）　　**알+세요?**（アル セヨ）　⇒　**아세요?**（ア セヨ）（ご存じですか？）

例 **멀다**（モルダ）（遠い）　　**멀+네요**（モル ネヨ）　⇒　**머네요**（モ ネヨ）（遠いですね）

例 **만들다**（マンドゥルダ）（作る）　**만들+ㄹ 수 있어요**（マンドゥル ル ス イッソ ヨ）　⇒　**만들 수 있어요**（マンドゥル ス イッソ ヨ）（作れます）

> 🖉　「**ㄹ**はスルボン（**ㅅ**[s] **ㄹ**[r] **ㅂ**[p] **ㄴ**[n]）と抜ける」と、語呂合わせで覚えるのがおすすめ。

169

文型のまとめ

これまでに学習した、用言につく語尾や表現を活用のタイプ別にまとめました。

❶ すべての語幹に共通して同じ語尾がつくタイプ。語幹に語尾をそのままつけます。

❷ 語幹の最後の文字のパッチムの有無によって語尾の形が変わるタイプ。パッチムがあれば 으をともなった語尾をつけ、なければ 으をともなわない語尾をつけます。

❸ 語幹の最後の文字の母音の種類によって語尾の形が変わるタイプ。母音が陽母音（ㅏ, ㅑ, ㅗ）のときは 아、陰母音（ㅏ, ㅑ, ㅗ以外）のときは 어をともなった語尾をつけます。

名詞などにつくタイプ

가/이 누구예요?
～は誰ですか？　　　　　　　　　55

가/이 돼요
～になります　　　　　　　　　107

가/이 뭐예요?
～は何ですか？　　　　　　　　36

가/이 아니었어요
～ではありませんでした（指定詞）　56

가/이 아니에요
～ではありません／～ではありませんか？　37

가/이 어디예요?
～はどこですか？　　　　　　　39

를/을 싫어해요
～が嫌いです（～を嫌います）　50

를/을 좋아해요
～が好きです（～を好みます）　49

못
～できません　　　　　　　　130

안
～ません、～ではありません　60

없어요 (?)
ありません、いません／ありませんか?、いませんか?　40

였어요/이었어요
～でした（指定詞）　　　　　56

예요/이에요 (?)
～です／ですか？（ヘヨ体）　35

입니까?
～ですか？（ハムニダ体）　32

입니다
～です（ハムニダ体）　　　32

있어요 (?)
あります、います／ありますか?、いますか?　40

活用のタイプ ❶

게
～に、～く、～するように　115

겠어요
～するつもりです（意志・推量・婉曲）　97

고
～して（並列）　　　　　　88

고
～して（動作の先行①）　　92

고 싶어요
～したいです　　　　　　83

고 있어요
～しています　　　　　　79

군요/는군요
～ですね　　　　　　　153

기
～すること（名詞化）　149

기 때문에
～なので、～するので（原因・理由）　126

나 봐요
～するようです、～みたいです　159

네요
～ですね、～ますね　　　88

는
～する…、～している…（動詞・存在詞の現在連体形）
　　　　　　　　　　　129

는 것 같아요
～ようです、～しそうです（動詞・存在詞の現在連体形）164

자
～しよう　　　　　　　155

잖아요
～じゃないですか　　　157

죠
～でしょう、～しましょう　114

지 마세요
　〜しないでください　　　　　　110

지 못해요
　〜できません　　　　　　　　　130

지 않아요
　〜しません、〜くありません　　113

지만
　〜けど、〜ですが　　　　　　　65

活用のタイプ ❷

ㄴ/은
　〜した…（動詞の過去連体形）　143

ㄴ/은
　〜い…、〜である…（形容詞・指定詞の現在連
　体形）　　　　　　　　　　　　148

ㄴ/은 것 같아요
　〜ようです（形容詞・指定詞の現在連体形）
　　　　　　　　　　　　　　　　164

ㄴ/은 것 같아요
　〜したようです（動詞の過去連体形）　165

ㄴ/은 적이 없어요
　〜したことがありません　　　　156

ㄴ/은 적이 있어요
　〜したことがあります　　　　　155

는데/ㄴ데/은데
　〜だけど、〜なんですが　　　　84

는데요/ㄴ데요/은데요
　〜なのですが、〜ですね（婉曲）　118

니까/으니까
　〜だから（原因・理由）　　　　109

ㄹ/을
　〜する…（未来連体形）　　　　163

ㄹ/을 거야
　〜だろう、〜するつもり　　　　160

ㄹ/을 거예요
　〜でしょう、〜と思います、〜するつもりです
　　　　　　　　　　　　　　　　137

ㄹ/을 것 같아요
　〜ようです、〜しそうです（未来連体形）　165

ㄹ/을 수 없어요
　〜できません　　　　　　　　　111

ㄹ/을 수 있어요
　〜できます　　　　　　　　　　110

ㄹ/을 테니까
　〜するはずだから、〜だろうから、〜する（つ
　もりだ）から　　　　　　　　　142

ㄹ게요/을게요
　〜しますね、〜しますよ　　　　72

ㄹ까요?/을까요?
　〜でしょうか?、〜しましょうか?　135

러/으러
　〜しに　　　　　　　　　　　　91

려고/으려고 해요
　〜しようと思います、〜しようとします　126

면/으면
　〜すれば、〜ならば　　　　　　102

면/으면 돼요
　〜すればいいです　　　　　　　102

면/으면 안 돼요
　〜してはいけません　　　　　　103

면서/으면서
　〜しながら　　　　　　　　　　148

세요/으세요
　お〜ください　　　　　　　　　81

세요/으세요
　お〜になります、〜でいらっしゃいます　96

活用のタイプ ❸

아/어도 돼요
　〜してもいいです　　　　　　　80

아/어 드려요
　〜してさしあげます、お〜いたします　134

아/어 보세요
　〜してみてください　　　　　　89

아/어 있어요
　〜しています（動作の結果の継続）　117

아/어 주세요
　〜してください　　　　　　　　73

아/어야 해요/돼요
　〜しなければいけません　　　　131

아서/어서
　〜して（動作の先行②）　　　　93

아서/어서
　〜なので（原因・理由）　　　　106

아요/어요/해요
　〜しましょう（ヘヨ体の勧誘文）　51

아요/어요/해요 (?)
　〜です、〜ます、します／〜ですか?、〜ますか?、
　〜しますか?（ヘヨ体）　　　　43,46

아져요/어져요
　〜くなります、〜られます　　　151

았/었던
　〜だった…（形容詞・存在詞・指定詞の過去連体形）　160

았/었던 것 같아요
　〜したようです（形容詞・存在詞・指定詞の過去連体形）165

았/었으면 좋겠어요
　〜したらいいです、〜かったらいいです　152

았어요/었어요/했어요
　〜ました、〜でした（動詞・形容詞・存在詞）
　　　　　　　　　　　　　　　　57

171

練習問題解答

練習問題 ❶

❶ 입니다

❷ 입니까?

❸ 는

❹ 은

❺ 이에요?

❻ 예요

❼ 가

❽ 뭐

❾ 이 아니에요

❿ 어디

⓫ 있어요

⓬ 없어요

⓭ 이 / 알아요

⓮ 길어요

⓯ 이것(이거) 맛있어요?

⓰ 를 봐요

⓱ 공부해요

⓲ 을 좋아해요

⓳ 를 싫어해요

⓴ 먹어요

練習問題 ❷

❶ 누구

❷ 왜

❸ 몇

❹ 언제

❺ 만 오천

❻ 스물아홉

❼ 세 / 이십

❽ 멀지만

❾ 갈게요

❿ 가르쳐 주세요

⓫ 추천해 주세요

⓬ 연습했어요

⓭ 없었어요

⓮ 팔았어요

⓯ 안 끝나요

⓰ 전화 안 해요

⓱ 써요

⓲ 아파요

⓳ 가까워요

⓴ 누울게요

練習問題 ❸

❶ 가고 있어요

❷ 무슨

❸ 찍어도 돼요?

❹ 오세요

❺ 마시고 싶어요

❻ 출발하는데

❼ 주말인데

❽ 맛있네요

❾ 아프고

⑩ 써 보세요

⑪ 따라 해 보세요

⑫ 금요일

⑬ 놀러

⑭ 하고

⑮ 만나서

⑯ 찍어서

⑰ 바쁘세요

⑱ 드세요

⑲ 운동하겠어요

⑳ 알려 주시겠어요?

練習問題 ❹

❶ 출발하면

❷ 있으면 돼요

❸ 버리면 안 돼요

❹ 한빈아

❺ 먹었어?

❻ 뭐 해?

❼ 멀어서

❽ 좋아해서

❾ 이 돼요

⑩ 빠르니까

⑪ 많으니까

⑫ 찍지 마세요

⑬ 쓸 수 있어요

⑭ 놀 수 없어요

⑮ 어렵지 않아요

⑯ 멋있죠?

⑰ 싸게

⑱ 서 있어요

⑲ 찾고 있는데요

⑳ 맡기고 싶은데요

練習問題 ❺

❶ 가려고 해요

❷ 오기 때문에

❸ 맛있는

❹ 아는

❺ 못 먹어요

❻ 운전 못 해요

❼ 받아야 해요(돼요)

❽ 응모해야 해요(돼요)

❾ 가르쳐 드려요

⑩ 쉴까요?

⑪ 놀까요?

⑫ 볼 거예요

⑬ 괜찮을 거예요

⑭ 들어요

⑮ 걸어서

⑯ 몰라요

⑰ 불러요

⑱ 기다릴 테니까

⑲ 배운

⑳ 읽은

練習問題 ❻

❶ 큰

❷ 늦은

❸ 춤추면서

❹ 공부하기

❺ 조용해져요

❻ 좋았으면 좋겠어요

❼ 염색했으면 좋겠어요?

❽ 어렵군요

❾ 파는군요

⑩ 가자

⑪ 다친 적이 있어요

⑫ 읽은 적이 없어요

⑬ 재미없잖아요

⑭ 모르나 봐요

⑮ 잘할 거야

⑯ 바빴던 (바쁘던)

⑰ 맛있었던 (맛있던)

⑱ 지낼

⑲ 맛있는 것 같아요

⑳ 연습한 것 같아요

反切表

<ruby>反<rt>はん</rt></ruby><ruby>切<rt>せつ</rt></ruby><ruby>表<rt>ひょう</rt></ruby>

ハングルの母音と子音の組み合わせ一覧表です。
「ㄱ」「ㄷ」「ㅂ」「ㅈ」は、語中では濁る音になります。

	ㅏ [a]	ㅑ [ja]	ㅓ [ɔ]	ㅕ [jɔ]	ㅗ [o]	ㅛ [jo]	ㅜ [u]	ㅠ [ju]	ㅡ [ɯ]	ㅣ [i]
ㄱ [k/g]	가 カ/ガ	갸 キャ/ギャ	거 コ/ゴ	겨 キョ/ギョ	고 コ/ゴ	교 キョ/ギョ	구 ク/グ	규 キュ/ギュ	그 ク/グ	기 キ/ギ
ㄴ [n]	나 ナ	냐 ニャ	너 ノ	녀 ニョ	노 ノ	뇨 ニョ	누 ヌ	뉴 ニュ	느 ヌ	니 ニ
ㄷ [t/d]	다 タ/ダ	댜 ティャ/ディャ	더 ト/ド	뎌 ティョ/ディョ	도 ト/ド	됴 ティョ/ディョ	두 トゥ/ドゥ	듀 ティュ/ディュ	드 トゥ/ドゥ	디 ティ/ディ
ㄹ [r/l]	라 ラ	랴 リャ	러 ロ	려 リョ	로 ロ	료 リョ	루 ル	류 リュ	르 ル	리 リ
ㅁ [m]	마 マ	먀 ミャ	머 モ	며 ミョ	모 モ	묘 ミョ	무 ム	뮤 ミュ	므 ム	미 ミ
ㅂ [p/b]	바 パ/バ	뱌 ピャ/ビャ	버 ポ/ボ	벼 ピョ/ビョ	보 ポ/ボ	뵤 ピョ/ビョ	부 プ/ブ	뷰 ピュ/ビュ	브 プ/ブ	비 ピ/ビ
ㅅ [s/ʃ]	사 サ	샤 シャ	서 ソ	셔 ショ	소 ソ	쇼 ショ	수 ス	슈 シュ	스 ス	시 シ
ㅇ [無音/ŋ]	아 ア	야 ヤ	어 オ	여 ヨ	오 オ	요 ヨ	우 ウ	유 ユ	으 ウ	이 イ
ㅈ [tʃ/dʒ]	자 チャ/ジャ	쟈 チャ/ジャ	저 チョ/ジョ	져 チョ/ジョ	조 チョ/ジョ	죠 チョ/ジョ	주 チュ/ジュ	쥬 チュ/ジュ	즈 チュ/ジュ	지 チ/ジ
ㅊ [tʃʰ]	차 チャ	챠 チャ	처 チョ	쳐 チョ	초 チョ	쵸 チョ	추 チュ	츄 チュ	츠 チュ	치 チ
ㅋ [kʰ]	카 カ	캬 キャ	커 コ	켜 キョ	코 コ	쿄 キョ	쿠 ク	큐 キュ	크 ク	키 キ
ㅌ [tʰ]	타 タ	탸 ティャ	터 ト	텨 ティョ	토 ト	툐 ティョ	투 トゥ	튜 ティュ	트 トゥ	티 ティ
ㅍ [pʰ]	파 パ	퍄 ピャ	퍼 ポ	펴 ピョ	포 ポ	표 ピョ	푸 プ	퓨 ピュ	프 プ	피 ピ
ㅎ [h]	하 ハ	햐 ヒャ	허 ホ	혀 ヒョ	호 ホ	효 ヒョ	후 フ	휴 ヒュ	흐 フ	히 ヒ
ㄲ [ˀk]	까 ッカ	꺄 ッキャ	꺼 ッコ	껴 ッキョ	꼬 ッコ	꾜 ッキョ	꾸 ック	뀨 ッキュ	끄 ック	끼 ッキ
ㄸ [ˀt]	따 ッタ	땨 ッティャ	떠 ット	뗘 ッティョ	또 ット	뚀 ッティョ	뚜 ットゥ	뜌 ッティュ	뜨 ットゥ	띠 ッティ
ㅃ [ˀp]	빠 ッパ	뺘 ッピャ	뻐 ッポ	뼈 ッピョ	뽀 ッポ	뾰 ッピョ	뿌 ップ	쀼 ッピュ	쁘 ップ	삐 ッピ
ㅆ [ˀs/ˀʃ]	싸 ッサ	쌰 ッシャ	써 ッソ	쎠 ッショ	쏘 ッソ	쑈 ッショ	쑤 ッス	쓔 ッシュ	쓰 ッス	씨 ッシ
ㅉ [ˀtʃ]	짜 ッチャ	쨔 ッチャ	쩌 ッチョ	쪄 ッチョ	쪼 ッチョ	쬬 ッチョ	쭈 ッチュ	쮸 ッチュ	쯔 ッチュ	찌 ッチ

ㅐ [ɛ]	ㅒ [jɛ]	ㅔ [e]	ㅖ [je]	ㅘ [wa]	ㅙ [wɛ]	ㅚ [we]	ㅝ [wɔ]	ㅞ [we]	ㅟ [wi]	ㅢ [ɰi]
개 ケ/ゲ	걔 ケ/ゲ	게 ケ/ゲ	계 ケ/ゲ	과 クァ/グァ	괘 クェ/グェ	괴 クェ/グェ	궈 クォ/グォ	궤 クェ/グェ	귀 クィ/グィ	긔 キ/ギ
내 ネ	냬 ニェ	네 ネ	녜 ニェ	놔 ヌァ	놰 ヌェ	뇌 ヌェ	눠 ヌォ	눼 ヌェ	뉘 ヌィ	늬 ニ
대 テ/デ	댸 テ/デ	데 テ/デ	뎨 テ/デ	돠 トァ/ドァ	돼 トェ/ドェ	되 トェ/ドェ	둬 トォ/ドォ	뒈 トェ/ドェ	뒤 トゥィ/ドゥィ	듸 ティ/ディ
래 レ	럐 レ	레 レ	례 レ	롸 ルァ	뢔 ルェ	뢰 ルェ	뤄 ルォ	뤠 ルェ	뤼 ルィ	릐 リ
매 メ	먜 メ	메 メ	몌 メ	뫄 ムァ	뫠 ムェ	뫼 ムェ	뭐 ムォ	뭬 ムェ	뮈 ムィ	믜 ミ
배 ペ/ベ	뱨 ペ/ベ	베 ペ/ベ	볘 ペ/ベ	봐 ボァ/ボァ	봬 ブェ/ブェ	뵈 ブェ/ブェ	붜 ブォ/ブォ	붸 ブェ/ブェ	뷔 ブィ/ブィ	븨 ビ/ビ
새 セ	섀 シェ	세 セ	셰 シェ	솨 スァ	쇄 スェ	쇠 スェ	숴 スォ	쉐 スェ	쉬 シュィ	싀 シ
애 エ	얘 イェ	에 エ	예 イェ	와 ワ	왜 ウェ	외 ウェ	워 ウォ	웨 ウェ	위 ウィ	의 ウイ
재 チェ/ジェ	쟤 チェ/ジェ	제 チェ/ジェ	졔 チェ/ジェ	좌 チャ/ジャ	좨 チェ/ジェ	죄 チェ/ジェ	줘 チュォ/ジュォ	줴 チュェ/ジュェ	쥐 チュィ/ジュィ	즤 チ/ジ
채 チェ	챼 チェ	체 チェ	쳬 チェ	촤 チャ	쵀 チェ	최 チェ	춰 チュォ	췌 チュェ	취 チュィ	츼 チ
캐 ケ	컈 ケ	케 ケ	켸 ケ	콰 クァ	쾌 クェ	쾨 クェ	쿼 クォ	퀘 クェ	퀴 クィ	킈 キ
태 テ	턔 テ	테 テ	톄 テ	톼 トァ	퇘 トェ	퇴 トェ	퉈 トォ	퉤 トェ	튀 トゥィ	틔 ティ
패 ペ	퍠 ペ	페 ペ	폐 ペ	퐈 ボァ	퐤 ブェ	푀 ブェ	풔 ブォ	풰 ブェ	퓌 ブィ	픠 ビ
해 ヘ	햬 ヘ	헤 ヘ	혜 ヘ	화 ファ	홰 フェ	회 フェ	훠 フォ	훼 フェ	휘 フィ	희 ヒ
깨 ッケ	꺠 ッケ	께 ッケ	꼐 ッケ	꽈 ックァ	꽤 ックェ	꾀 ックォ	꿔 ックォ	꿰 ックェ	뀌 ックィ	끠 ッキ
때 ッテ	떄 ッテ	떼 ッテ	뗴 ッテ	똬 ットァ	뙈 ットェ	뙤 ットェ	뚸 ットォ	뛔 ットェ	뛰 ットゥィ	띄 ッティ
빠 ッペ	뺴 ッペ	뻬 ッペ	뼤 ッペ	뽜 ッボァ	뽸 ッブェ	뾔 ッブェ	뿨 ッブォ	쀄 ッブェ	쀠 ッブィ	쁴 ッビ
쌔 ッセ	썌 ッシェ	쎄 ッセ	쎼 ッシェ	쏴 ッスァ	쐐 ッスェ	쐬 ッスェ	쒀 ッスォ	쒜 ッスェ	쒸 ッシュィ	씌 ッシ
째 ッチェ	쨰 ッチェ	쩨 ッチェ	쪠 ッチェ	쫘 ッチャ	쫴 ッチェ	쬐 ッチェ	쭤 ッチュォ	쮀 ッチュェ	쮜 ッチュィ	쯰 ッチ

[監修] 加藤 慧（かとう・けい）

韓国語講師・韓日翻訳者。宮城県仙台市生まれ。東北大学工学部卒業、同大学院博士課程科目修了退学。大学院在学中に漢陽大学校大学院に交換留学し、韓国建築史を学ぶ。オンラインで韓国語レッスンを行うほか、宮城学院女子大学・東北学院大学で韓国・朝鮮語の講義を担当。

[編著] omo!（おも）

土田理奈（新潟県生まれ、東京外国語大学朝鮮語学科卒業）、後藤涼子（東京都生まれ、早稲田大学教育学部卒業）からなる編集・ライティングユニット。韓国の旅行情報、K-POP、語学を中心とした書籍・雑誌・コンテンツ制作に携わる。著書に『キリトリ式でペラっとスタディ!韓国語の入門ドリル』（学研プラス）、『Seoul guide 24H』（朝日新聞出版）などがある。

執筆協力・DTP	中山義幸（Studio GICO）
本文デザイン	佐々木麗奈、香取杏子
カバーデザイン	佐々木麗奈
本文・カバーイラスト	ケント・マエダヴィッチ
校正	ゆあネット、村上理恵
韓国語ナレーター	イ・ミンジョン、うにょん、イ・チュンギュン
日本語ナレーター	乙坂双葉
音声収録・編集	英語教育協議会（ELEC）

※「QRコード」は株式会社デンソーウェーブの登録商標です。

使える会話文で身につく
はじめましての韓国語

監修者　加藤慧
編　著　omo!
発行者　池田士文
印刷所　大日本印刷株式会社
製本所　大日本印刷株式会社
発行所　株式会社池田書店
　　　　〒162-0851
　　　　東京都新宿区弁天町43番地
　　　　電話 03-3267-6821（代）
　　　　FAX 03-3235-6672

落丁・乱丁はお取り替えいたします。
©omo 2023, Printed in Japan
ISBN 978-4-262-16986-6

[本書内容に関するお問い合わせ]
書名、該当ページを明記の上、郵送、FAX、または当社ホームページお問い合わせフォームからお送りください。なお回答にはお時間がかかる場合がございます。電話によるお問い合わせはお受けしておりません。また本書内容以外のご質問などにもお答えできませんので、あらかじめご了承ください。本書のご感想についても、当社HPフォームよりお寄せください。
[お問い合わせ・ご感想フォーム]
当社ホームページから
https://www.ikedashoten.co.jp/

24008510